金、借りたら人生こうなった

雄大
Yudai Sendagi

まえがき

「若者から収奪する『日本学生支援機構』　奨学金一括請求の〝秘密指令書〟とは」（「週刊金曜日」）

「『奨学金地獄』は本当だった！　学生の2人に1人が借金の現実」（プレジデントオンライン）

「奨学金破産、過去5年で延べ1万5千人　親子連鎖広がる」（朝日新聞デジタル）

近年、メディアではこういった具合に、奨学金に関する極端に悲劇的な報道が目立っている。

確かに毎月の奨学金返済を苦にして、最悪「破産」に至る人も存在しており（※）、その結果、学生たちに奨学金を貸す「日本学生支援機構（以下、ＪＡＳＳＯ）」は、まるで諸悪の根源かのような扱いを受け、メディアから散々叩かれてきた。

しかし、少し冷静になって考えてみてほしい。果たして、そんなに単純な話だろうか？

例えば令和に入ってから、ＪＡＳＳＯの第二種奨学金（有利子）の貸与利率は、利率見直し方式で０・０２〜０・１％程度、利率固定方式で０・２〜０・４％と、昨今のゼロ金利政策の影響もあって、利率は超低水準となっている。金利が0・1%として、400万円を20年もの間、毎月1万6834円返済すると、返済総額はおおよそ404万円。利息分はわずか4万円という計算だ。

もちろん、金利は今後変わる可能性があるが、少なくともこの数字だけを見て「JASSOにすべての責任がある」と報じるのには、無理があると筆者には思えてしまう。

また、「お金」という意味で言えば、「大学の学費の値上がり」「親側に押し寄せる、可処分所得の減少」「それに伴う仕送り額の減少」「上がらない給料」「そもそも国が若者にお金をかけていないこと」……など、「若者の貧困」と「奨学金の返済苦」には、さまざまな要素が複雑に絡まっている。

明言しておくが、筆者はなにもJASSOの擁護をしたいわけではなく、むしろ制度の改善を要求したいほどである。そして、もちろん奨学金返済当事者の苦労を、「大したことない」と他人事として軽んじるつもりもない。

ただ、JASSOという団体をスケープゴートにするのは、複雑なこの問題を正しく読み解けないようにするだけであり、また、そもそも奨学金制度の是非を「それ単体」で論ずるのは、非常に難しいと訴えたいのだ。

そして、メディアが奨学金に関する不安をことさらに煽る一方で、奨学金を借りる学生は増加の一途をたどっている。JASSOが公表している「令和2年度 学生生活調査」によると、奨学金を受給している学生の割合は「大学（昼間部）が49・6％、短大が56・9％」と、2人に1人は借りているのだ。奨学金を借りる者は今や、決して少数派でもなければ、貧乏人だけでもない。

もはや、若者たちは大学進学のためには奨学金を、「借りざるを得ない」時代となっているのだが、世間はいまだに「奨学金＝悪」というイメージを拭いきれていない。それどころか、ここまで述べてきたように、一面的な報道が横行してきた結果、「奨学金を借りることは恥ずかしいこと」と、現役の学生たちは考えている。

それでも、奨学金を「借りない」ことが常に最適解とは言えず、奨学金によって人生を好転させた者は数多く存在する。このような例は「PV至上主義」のWebメディアにおいて取り上げられることはほとんどなかった（不幸なエピソードのほうが、Webでは読まれやすいのだ）。そんな「多数派」の声に耳を傾けることで奨学金のリアルがわかるのではないかと言うことで、東洋経済オンライン上で、2021年12月に、連載「奨学金借りたら人生こうなった」が始まった。その連載をまとめたのが本書である。

登場するのは、「学生時代に奨学金制度を利用した」という14名の人たち。年齢、性別、出身地、偏差値がそれぞれまったく違う14名の、さまざまなライフストーリーを通じ、

「奨学金を借りたことで、価値観や生き方に起きた変化」を描いていく。そして、その先に「日本の今」を映し出していきたい。

本書を通して現代日本の奨学金制度が抱える問題点と、評価すべき点、その両者と最前線を伝えることができれば幸いである。

※少し古い数値だが、JASSOによると2016年度に新たに破産した返還者の数（2009人）は、返還者全体（約410万人）のうち0・05％だったという。年間2000人と考えると非常に多いように思えるが、借りている人が多いので割合はこれぐらいだ。

目次

本書の第1章、第2章は東洋経済オンラインに
2021年12月29日から連載中の「奨学金借りたら人生こうなった」に
加筆・修正を加えたものです。

第1章

奨学金を「500万円未満」借りた人たち

CASE 1

「奨学金400万円」を借りた29歳男性のケース

「一言で言うと、典型的なダメ学生でしたね、僕は」

石田慶太さん（仮名・29歳）は現在、人材派遣会社で働く男性だ。関西地方出身で、京都府にある4年制の私立大学を卒業しており、取材オファー時のメールのやり取りも非常に真面目。待ち合わせたカフェにも、パリッとしたスーツ姿で現れた。

それだけに予想外にも思える切り出し方だが、本人は至って真面目な表情で、「安い酒を飲んでは友達の家の風呂場で嘔吐して、講義には出ずに喫煙所でたばこをふかし、テスト前には友達にレジュメを見せてほしいとねだる……。あの頃は、本当にだらしなかったですね」と語る。なにが、彼を真面目なサラリーマンに変えたのか？

5人きょうだいの長男で、下に4人控えていた

石田さんは、今どき珍しい5人きょうだいの長男である。父は自営業で、本人いわく「基本的には経済力はあるほうだったと思います」とのこと。基本的には、という表現の理由はこんな感じだ。

「僕らきょうだいは、5人とも中高一貫の私立の学校に通っていました。それなりの進学校だったので、大学に進むのも当たり前の環境でしたね。で、父は儲かりそうな話に手を出すタイプの自営業で、当然、そこには成功も失敗もあった。僕が高校3年生になった頃は、ちょうど事業がうまくいっていない時期だったんです」

そんな状況の中、石田さんは大学進学に際し、日本学生支援機構（以下、JASSO）から奨学金を借りることになる。高校を通じて申請（※1）したその金額は月額8万円。すべて第二種奨学金（有利子）だった。

「父は最終学歴が中卒。それも影響しているのか、『高校までは面倒を見るけど、その後は奨学金を借りて行け』と前々から言われていたんです。僕自身、『与えてもらえるものはありがたく受け取るけど、与えられないことが普通』と思う性格だったので、特に反発することもなく、奨学金を受け入れました」

こうして奨学金を借り、大学に入学。最初は実家から片道1時間半かけて通っていたが、1年の夏休み前に、もともと折り合いの良くなかった母親とケンカしてしまい、家を飛び出してしまった。思いがけぬ一人暮らしの始まりである。

「急に家出したものだから、資金源が奨学金とバイト代しかなく、それだけでやりくりするハメになりました。奨学金は毎月ちょこちょこと振り込まれていたので、奨学金を授業料に充てて、家賃と生活費はバイト代から捻出していました。バイトは塾講師とレストランの清掃。塾講師は平日に2〜3時間、レストランは閉店後から朝まで働いていました。2つのバイトを合わせて、週4日ぐらいは働いていましたね」

当時住んでいたアパートの家賃は3万2000円だったという。その家賃で、それだけ働いていれば、なんとかやりくりできるだろう……と思いきや、当時「ダメ大学生」だった石田さん。奨学金を借りていない人でもありえるような理由で、学生生活は苦しくなる。

「恥ずかしながら、当時の僕は金遣いがとても荒くて、音ゲーが好きでゲームセンターに通いまくって、毎月3万円くらい使っていたんです。当時は『使えるときにたくさん使って、なくなったら次にお金が入るまで我慢する』という考えでした。収支の感覚が欠如していたんですよね」

深夜のレストラン清掃バイトも影響したのか、次第に昼夜は逆転。講義は夕方から始まる5限だけ出席するようになった。

「出席確認を取らない講義を中心に、シラバスを組んでいました。試験前には友達にレジュメやノートのコピーを必死でねだっていたので、きっと『アイツはヤバい』と呆れられていたと思います」

自堕落な生活の結果、学生ローンのお世話になったことも……

そんな自堕落な学生生活を送っていると、当然ながら授業料の支払いで、地獄を見ることになる。

「学費を払うタイミングでお金が底を突き、駅前にある学生ローンに行ったこともありました。祖父から生前贈与としてもらった200万円もすぐになくなってしまったり……自分のせいなんですけど、当時はとにかく生活が苦しかったですね。スーパーのプライベートブランドの安い袋麺を、一日に1個しか食べてない時期もありました。それでも音ゲーはやめられなかったし、たばこも吸っていました。echoのほうが安いけど、こっちもプライドがあるのでマルボロ以外は吸わないんですよ」

そんな絵に描いたようなダメ学生生活を送っていた石田さんだが、救いだったのは友人たちの存在だ。

「家具とか家電を一切持たないで家出してしまったので、クラスメイトや部活の先輩たちがカセットコンロや鍋、食器などをくれたんです。他にも、部屋に遊びに来ると僕の代わりに部屋を片付けてくれたり、『飯食ってないんだよね』と言うと気前よくおごってもらえたり、部費も『お前は今はいいよ。社会人になってから払って』と猶予してもらえたり……周りの人にはとにかく親切にしてもらえました。友達には恵まれた、大学生らしい生活をしていたなと思います」

社会人になり、上司との出会いで人間的に成長

その後、石田さんは無事に就職先を見つけて大学を卒業。とはいえ、ダラけきった感覚は社会人になったからといって簡単に改まるものではないわけだが、ここでもまた人に恵まれることになる。

「入社した当初はちゃんと仕事をしないタイプで、なにかタスクを与えられても、なかなか最後までやり切ることができませんでした。でも、上司が諦めずに向き合ってくれたおかげで、少しずつ仕事ができるようになっていったんです。『お前って本当に精神的に幼いよな』と言われ続けて、そこで初めて自分としっかり向き合い、努力を重ねました。当時は辛かったんですけどね」

愛されキャラの石田さんは、大学だけでなく、職場でも人に恵まれたようだ。

また、これは本人としても想定外だったようだが、子宝にも恵まれることになる。

「入社して3年ぐらいでデキ婚しちゃいまして（笑）。でも、子どもができたのも自分の中では大きくて、急激に真面目になった気がします。その頃、仕事でも初めて部下を持つ

ようになって、日々、自分が大人になっていく感覚がありました」

精神的な成長期を、20代中盤にして迎えたようだ。

そして、予期せぬ結婚と子宝は、故郷の両親との関係性も急激に変えることになる。

「孫に会いたい、と母に言われて会ううちに、自然に和解できたんです。父とも関係性が深まったように思います。自分自身が親になって、父のすごさを感じられるようになったのが大きかったですね。子育てをしていると、たったひとりでも『こんなにお金がかかるんだ』と驚くのに、父は僕らきょうだい5人全員を私立の中高一貫校に通わせていたんですから。自分が子どものときに見ていた父は、ワーカホリック気味で、何の仕事をしているかもわからなかった。だから冷めた気持ちを抱いた頃もあったんですけど、『どんだけすごいことをしていたんだ……』と今は本当に尊敬しています」

ちなみに、現在大学生の妹2人は、父の「大学からは自分で出してほしい」という方針を突っぱね、授業料を出してもらっているという。しかし、そのことに対して石田さんは、恨みや不満は何もないようだ。

「さっきも言いましたけど、もともと『与えてもらえるものはありがたく受け取るけど、与えられないことが普通』って思う性格なんです。だから、与えてもらっている人がいたら、『よかったね』と思うし、自分が与えられなくても『そうだよね』と思うだけで。でも、父としては違う感覚だったのかもしれません。実は奨学金を借りたことで、父から『お前には感謝している』と言われたことがあったんです。本当は父も『払えるなら全員分、大学まで払ってやりたい』と思っていたのかもしれないですね」

自身も同じ父という立場になり、大人にもなった石田さん。仕事に忙しく奔走する父としては、仲間ができたような気持ちだったのかもしれない。

結果論としつつも「学歴は必要」と思うワケ

そんなふうにして現在、総額400万円の借金を、毎月1万7830円ずつ返している石田さん。毎月の返済に関しては「なんとも思わない」そうだが、その背景にあるのは、収入の多さだ。

「貧乏な学生時代を過ごしたことで、『好きに使っても、お金が余る会社で働きたい』という軸で就活していたんです。結果、社会人1年目から手取りが30万円ほどあったので、返済も特に苦ではありませんでした。ただ、奨学金を引き落としにする手続きを行っていなかったせいで、毎月振り込み用紙が届いているのに面倒臭がって放置していたら、督促状が実家に送られてしまい、母親から怒られたことはありましたけど（笑）」

大人になる前の、父になる前の出来事とはいえ、石田さんらしいエピソードである。

ちなみに、冒頭に記したように、石田さんは今、人材派遣会社に勤めている。そこでの仕事を踏まえると、学歴至上主義の我が国においては、奨学金を借りてでも「大卒」というキャリアを獲得することは、非常に重要なことだと語る。

「企業の採用支援をしている立場からすると、やはり学歴は必要だと思います。大卒でないと受けられない求人もあり、学歴不足を理由に不採用になるケースは本当に多い。中卒の父がたくさん稼いでいるのを見てきたので、僕自身は学歴主義者ではありません。だからこそ、企業に『低学歴だけど、スキルの高い人』を推薦することもあるんですけど、『学歴が……』と断られることも多い現実があります。令和の今でも、です。今後、社会の価値観が変わったり、何かほかにポテンシャルを見抜くいい方法が生まれたりすれば話も変わると思いますけど、今の社会にアジャストして、個人がどのようにして生きるかを考えたとき、奨学金を借りてでも大卒のパスポートを得るのは、ひとまず今の最適解だと僕は思います……もちろん、これは運よく周りの人に恵まれ、問題なく返済できている今の僕だから話せる、結果論なのかもしれませんけどね」

（※１）石田さんの場合、高校を通じてＪＡＳＳＯに奨学金を申請したわけだが、これを「予約採用」と呼ぶ。対して、大学進学後に大学の奨学金窓口を通じて申し込む場合を「在学採用」と呼ぶ。いずれもＪＡＳＳＯに直接書類を送るわけではなく、ここがさまざまな問題点を生むことにつながっている。

石田さんの取材を終えて

石田さんのケースは、『東洋経済オンライン』の初出時は、「『奨学金400万円』借りた男性に父が驚きの一言」というタイトルで掲載された。

「5人きょうだい全員が中高一貫の私立学校に通っている」という、一見すると裕福に見える家庭なわけだが、実際は石田さんの実家のようにローンや借金で首が回らなくなり、奨学金を借りなければならない例は珍しくない。

また、家族との折り合いが悪くなった青年が、家出同然で一人暮らしを始めるのもそれなりに聞く話だろう。

そんな20歳前後の青年にとって、毎月振り込まれる8万円は生活に必須なわけだが、自由を謳歌するゆえに趣味にお金を費やしてしまう気持ちも、理解できなくはない。奨学金に関するニュースが出た際、ネット上の大人たちは「大学生はもう十分大人だ」「だから全部が自己責任だ」と言うが、石田さんの大学生らしい自堕落エピソードは、筆者としては大いに共感させられた……。まあ、3万円は使いすぎだと思うけれども。

一方で、話も後半になるにつれ、やれ結婚だ、やれ子育てだ、やれ部下ができただの、急な展開に驚かされた。「echoのほうが安いけど、こっちもプライドがあるのでマルボロ以外は吸わないんですよ」と、だらしない発言をしていた数分後には、「学歴は必要」という話題に転換するとは、一体誰が想像できるだろうか？

でも、それが人間なのだろう。どこでどう変化するかわからないのだ。

いずれにせよ、奨学金の返済義務が始まる社会人になってから、石田さんの姿勢は一変した。威厳を誇示できるようになり、自らに奨学金を借りさせた父親ともわかり合えたことが、彼にとっては重要なことだったのだろう。

これまでの奨学金の報道はネガティブなものが多かったため、こうした「ハッピーエンド」な例も紹介したく本連載は始まったわけだが、その頃はまさかこれが本になるとは露ほども思っていなかった。

CASE 2
「奨学金400万円」を借りた38歳男性のケース

「親の教育方針で『親が面倒を見るのは高校まで。その後は、自分で責任を持って、自分の力で生きていきなさい』と言われて育ちました」

北海道出身の森本博さん（仮名・38歳）は、現在は東京にて、教育関係の仕事をしている男性だ。優しげな雰囲気、話しぶりが印象的だが、その言葉からは自分の力で生きてきた自信が感じられた。

父は中卒、「高校を出たら自力で生きていけ」という方針

3人きょうだいの長男だという森本さん。それにしても「高校を出たら自分で生きていきなさい」というのは昔気質な教育方針だが、そこには森本さんのお父さん自身の経験が大きく反映されていたようだ。

「父は中学時代に父親（森本さんにとっては祖父）を亡くしていたので、『父親の力でなく、自分の力で生きてきた』というような自負があるようです。だから、18歳になった息子にも、そうさせたいという気持ちがあったんでしょう」

そんな考えを持つ父ではあったが、バブル崩壊などの影響を受けて収入は少なく、家は裕福とは言えなかった。

「塾や習い事なんてやらせてもらえなかったし、旅行にもあまり行った記憶はありません。だからといって、『貧乏で家庭内が荒れていた』とか『父が暴れている』といった家庭ではなくて、『お金はないけど、家族仲はいい』という雰囲気でしたね」

大学進学を反対されるわけではなかったが、学費などは出してもらえない。そこで、森

本さんは学費・家賃・生活費などをすべて自分で出す約束で、東京の国立大学に進学することを決意する。

純粋に学費・生活費という観点だけで考えると、地元の国公立大学に進学し、自宅から通勤するほうが安く済むように思える。森本さん自身、「もともと、漠然と東京に行きたいなとは思っていました」と、東京での生活に憧れていた部分もなくはなかったが、その一方で、こんな現実的な考えもあったようだ。

「東京の国立を選んだ理由のひとつとして、『授業料免除の制度を使いたい』という気持ちがありました。ただ、『自分と同じように貧しい家出身の子どもが少なくない地方の国立大学だと、収入が低いだけでは免除の対象に選ばれにくいのでは？』という懸念もあったんです。その点、東京の国立大学には地方の名士や、子どもの教育にお金をかけてきた家庭の学生がたくさんいる。だから、逆に地方から出たほうが、免除の対象になりやすいんじゃないかと考えたんです」

当時の森本さんに確証があったわけではないが、実際、大学が独自で提供している授業料免除の制度は、大学によって採用のハードルが大きく異なる現実がある。

これは２００３年に制定された国立大学法人法に基づき、２００４年に国公立大学法人となったことで、独自に採算を取る必要が生まれたことが影響している。簡単に言えば

「一口に国公立大学と言っても、裕福なところとそうでないところがあり、裕福なところのほうが授業料免除になる可能性も高い」ということだ。

森本さんが入学した国立大学は名門で知られるところで、結果的に、1年前期の授業料は免除になることができた。これには森本さんも、ホッとした。

第一種奨学金の審査に落ちて思い詰めた時期も

しかし、その一方で、想定外の出来事もあった。

「授業料免除の制度に応募する一方で、JASSOの第一種奨学金（無利子）にも応募していたのですが、なぜか不採用だったんです」

一般に、第一種奨学金の採用率は4人に1人程度と言われており、そのハードルは意外と高い。

また、申込資格には①学力基準②家計基準という2つの基準があるが、地味に厳しいのが①の学力基準で、JASSOのホームページによると2022年8月現在、「高等学校等における申込時までの全履修科目の評定平均値が、5段階評価で3・5以上であること」とされている。奨学金返済当事者に取材していると「家は十分貧乏なのに、なぜか第一種奨学金の審査に落ちたんです」という人に出会うが、おそらくこの学力基準が満たせなかったのだろうと推測される。優秀な生徒が多い進学校だと、それだけ評定も辛くなりがちだからだ。

ただ、もちろんごく普通の高校生だった森本さんは、そんなことは知る由もなかった。

「当時はもう、相当落ち込みましたね。国立であれば学費も安いし、『バイトすればなんとかなるだろう』と考えていたんですけど、実際に上京して一人暮らしを始めてみると想像以上に大変で……。『奨学金がないなら、もう地元に帰るしかない』と思い詰めていた時期もありました」

その後、幸いにも2回目の応募で、第一種奨学金と第二種奨学金の、両方の審査に通ることができたという森本さん。無事に奨学金を借りられたのはいいものの、生活費・家賃はすべて本人の負担だ。そのため、バイトに勤しむことになる。

週に5日は、大学終わりの18時頃から深夜1～2時頃までバイト。月に10万円以上稼げたが、半分は家賃に消えた。

「周りの友人と比べて、親の経済力のなさを痛感することは多かったです。周りの友達がやっていたような、留学や資格取得のための勉強はできなかったですし、飲みに行ったり、友達とダラダラしたりもあまりしていなかったと思います。あと、友人たちは親に出してもらっていた、運転免許取得やゼミでの海外調査の旅費なども、自分で負担しないといけませんでした」

授業料が免除にならなかった時期もあったが、充実した大学生活に

また、4年間の学生生活の中では、授業料が免除にならなかった時期もあった。

「入学からしばらくは授業料が免除になっていたのですが、2年生の頃に一回免除にならなかったことがありました。その際は奨学金から授業料を出しましたが、再び免除にならなかった場合に備えて、奨学金を少し貯めておかなければなりませんでした」

各大学が独自に用意している授業料免除・減免の制度は、経済的な理由や学業成績などを踏まえて審査される。だが前述した通り、そのハードルは各大学によって異なっており、実家の家計状況や、学業成績（取得単位数などで判断される）など複数の要素から審査される。また、明確な基準が公表されていない場合も多い。（※2）

幸いにも、その後は卒業まで授業料免除が続いたという森本さんだが、「いつ免除じゃなくなるか」という不安があったのは間違いない。

しかし、そうやってお金の面での不安を抱えつつも、苦労して入った大学生活は、今振り返っても、とても充実したものだったようだ。

「大学時代を振り返ると『楽しかった』という印象しかありません。野球サークルに所属

して友人にも恵まれていましたし、高校や大学の友人たちと旅行に行くこともありました。地方ではなかなか出合えない文化があるのもうれしく、映画や音楽にもお金を使っていました。そのぶん、貯金は全然なかったですけど」

3年生になってからは、学業成績の優秀さが認められ、JASSOの奨学金に加え、民間の財団の給付型奨学金を月に3万円もらえることに。この給付型奨学金は、給付対象となる大学が決まっているものだったそうで、ここでも東京の国立大学に進学したことが有利に働いた形だ。

自分を大きくしてくれた「大学という場所」に感謝

大学4年間を通じ、奨学金を合計で400万円借りた森本さん。そんな彼が、新卒で入社したのは大手新聞社だった。しかし、ハードワークで心身ともに疲弊。数年経ったのち、教育関係の仕事に就くことを決めた。背景にあったのは、自分の世界を広げてくれた、大学という場所への感謝だ。

「私の中で『大学でいろんなことを教えてもらった』という思いが強かったんですよね。高校までの勉強は所詮、受験勉強ですが、大学にはいろんな学生や先生がいて、いろんな価値観に触れて、視野や世界を広げることができる。テレビや新聞などのマスメディアから得られる情報よりも、大学で学ぶ情報というのは多様なんですよ。もちろん、中にはつまらないと思う講義もあったし、話の面白くない先生もいましたけど、そのつまらない講義ですら、専門分野として成り立っている。世界にはいろんな人がいるということを身をもって学べたんです」

学業、バイト、サークル活動、恋愛、趣味など、さまざまなことに打ち込んだ大学生活を送ったことで、自分の世界は広がり、人間的に大きくなった……。森本さんは、そんなふうに考えているようだ。

また、現在の仕事に就いた背景には、「人の役に立ちたい」という気持ちもあったのだという。

「新卒で入社した会社で今でも働き続けていれば、もっと年収は良かったでしょう。大学時代の友人には高収入な人もいて、中には何千万円と稼いでいる人もいます。だけど、私自身は貧しい家庭出身というのもあって、お金儲けというよりも『社会のために働きたい』という気持ちが強いんですよね。年収を追い求めるのではなく、庶民のために働きたいという思いから、今の仕事に転職した気持ちもあります」

奨学金のおかげで大学に進学できた、森本さんならではの選択と言えるだろう。

そんな彼は現在、2人の子宝にも恵まれ、都内にマイホームを購入している。肝心の奨学金も毎月2万円の返済を長年続けてきたことで完済間近。夫婦共働きということもあり、無理なく着実に返してきたようだ。

「奨学金を返済している人の中には、マスコミやIT企業に就職してめちゃくちゃ稼いで、『数年で、一括で返済した』という人もいるでしょう。だけど、私の場合は地に足の着いた生活をしながら、20年近くかけて返済してきました。派手さはないかもしれませんが、『特別な才能がなくても、ある程度頑張れば、奨学金を使って地方の貧困家庭から脱出できる』という、極めて身近な例もあるということを、これから奨学金を借りようか悩んでいる人たちには伝えたいですね」

「理想」はもちろんあるが、「現実」を受け入れて向き合うのも重要

そう語る森本さんに、教育関係者ということで現在の奨学金のあり方についても質問してみた。奨学金について論じるとき、SNSなどでは「日本は教育にかける費用が少ない」「大学の学費をもっと安くしたり、給付型の奨学金を増やすべきだ」といった声が出たりするが、それについてはどう思っているのだろうか？

「正論だとも思いますし、理想としてはそのほうがいいと思います。でも、今の日本の財政状況などを鑑みると、高齢化も進んでいて、社会保障の負担も増えていますよね。大学

の授業料が無料になることが理想的だとは思いますが、やはり現実的ではない。そういう状況の中では、貧困世帯に生まれた子どもにとって、奨学金というのはひとつの有力な選択肢だと思うんです。大学の授業料が年々上がっているとは言いつつも、まだなんとかなる額ではありますし、アイビー・リーグに進学するような、アメリカの学生たちが利用する学生ローンに比べると低いですしね。また、今の高校生には数百万円という金額は、とても大きく見えるかもしれませんが、大学に進学して、それなりの企業に入ることができれば、ぶっちゃけ大したことないんですよね。むしろ、今の環境を抜け出したい高校生は、勉強を頑張って、私のように東京の国立大学を目指すのはいい選択肢のひとつだと思います」

森本さんの語る言葉はどれも正論だろう。現実が、より理想的なものに変わるより前に、まず自分の努力でなんとかしようとする姿勢は、厳しい社会を生きるひとりの人間として、素直に尊敬に値すると感じた。

ただ、彼が語る「ある程度」「それなりの会社」といった言葉が、ややハードルが高く感じられる人がいることも事実であろう。

また、森本さんは予備校に通わず難関大学に合格したそうだが、大学受験を経験した人であれば、それがいかに大変なことか理解できるだろう。森本さん自身は謙虚な口ぶりだが、冷静に考えて、能力はかなり高い部類のはずだ。もしかすると、今はかつてなく「普通の努力」のハードルが上がっている時代なのかもしれない。

しかし、それでも森本さんの地に足の着いたエールが、貧困家庭で育った少なくない高校生にとって、強く背中を押してくれるものであることも間違いないだろう。

（※2）なお、2020年からは「高等教育の修学支援新制度」がスタートしている。各大学が独自に提供している授業料免除の制度と異なり、これは文部科学省が提供するものだ。サイトによると、4人家族〈本人（18歳）・父（給与所得者）・母（無収入）・中学生〉で、本人がアパートなど自宅以外から私立大学に通う場合、

（Ⅰ）年収270万円程度までの第Ⅰ区分で約70万円の授業料減免
（Ⅱ）年収300万円程度までの第Ⅱ区分で約47万円の授業料減免
（Ⅲ）年収380万円程度までの第Ⅲ区分で約23万円の授業料減免

になるという。

これはあくまで目安であり、また細かい条件はその人の置かれた状況によって変わるので、実際にサイトを見てチェックしてみてほしい。

なお、高校生の場合、親に年収を尋ねることに抵抗感もあるかもしれないが、その場合はぜひ本書を見せるなど活用してほしい。

森本さんの取材を終えて

森本さんは、物腰が柔らかい印象で、言葉遣いも丁寧で、説明もうまかったため、いつもよりも取材が早く終わってしまい、そのことを伝えたら、その後心配されてしまい、追記のメールまで送ってもらうことになった。

森本さんも自身で述べたように、特に「貧困家庭」出身というわけではない。ただ、この国で大学進学するために、奨学金が必要な者は多いのだ。

彼の話で特に重要だと感じたのは「授業料免除の制度を利用したいため、あえて近場の国立大学ではなく、東京の国立大学に進学した」という点だ。確かに全国から若者が集まる都市部の大学のほうが、教育にお金をかけられた家庭出身の若者が多く集まっているだろう。

奨学金について話題になった際、ネット上では「奨学金を借りて東京に出るよりも近くの大学に行ったほうがいい」という意見が多く見られるが、その逆を行った森本さんの実体験に基づいた説明は、筆者としても納得のいくものだった（ただし、第一種奨学金の審査には一度落ちてはいるが……）。

また、大学独自で提供している授業料減免の制度についても、彼の予想は当たっていた。

中小規模の専門学校に通った人に以前取材をしたが、「成績優秀で、実家も十分貧乏だったが、同じように貧乏な学生が多く、授業減免は『今期は僕、来期はあなた』というふうに分け合うことになった」と語っていた。成績優秀で家が貧しいからといって、学校の経営状況が芳しくなければ授業料を減免してもらえないケースもあるのだ。

CASE 3 「奨学金480万円」を借りた36歳女性のケース

ここまで、大学入学と同時に親元を離れて、一人暮らしを始めた人のライフストーリーを紹介してきた。

例えば前ケースの森本さんは東京の国立大学に進学した人物だが、東京で生活するとどうしても地方で生活する場合に比べて、家賃・生活費が高くなってしまうものだ。仮に、家賃と生活費で月に3万円高くなると仮定すると、それだけで4年間で約150万円となり、奨学金の返済金額も一気に大きくなる。

その点、茨城県にある国公立大学に進学した中島恵さん（仮名・36歳）は、高校生の頃から現実的な考えを持っていた。

父は自営業で借金癖があり、奨学金は必須だった

「うちの地元は大学に進学する人なんていないぐらいの田舎。当然、私の両親や祖父母も中卒か高卒で、大学進学なんて考えられませんでした」

現在は都内の不動産関係の会社に勤務する中島さんだが、出身は中部地方の某県。通っていた高校は県内で5番目ぐらいの県立高校だった。

クラスメイトの多くが大学進学を考えていたが、中島さんの場合は周囲と置かれている状況が違ったという。

「私の父は建設業の自営業者なのですが、雪国なので冬場は仕事が大幅に減ります。昔からあまりお金の計算がうまくないこともあって、結果、収入がない時期に家計を支えるため借金を重ねていました。だから、家計的には大学に行ける状況ではなかったのですが、私自身は成績はそれほど悪くなくて、父を見ていて『やっぱり大学に行かないと、将来いい仕事に就けないな』と思っていて。学校の先生に相談したところ、『奨学金を借りてでも、大学に行ったほうがいい』と言われたので、奨学金を借りて進学することを決意しました」

こうして、茨城県にある国立大学への受験を決意し、見事に現役合格を果たした中島さ

ん。JASSOから、第二種奨学金を、毎月10万円借りることになった。

「入学金と、一人暮らし開始にかかる費用は祖母に出してもらって、それ以降は毎月10万円の奨学金とアルバイト代から賄っていました。国立大学だったので、学費が免除になったり、4割負担になったりしていたのはありがたかったですね」

大学在学中に、父が自己破産の危機に

自身に関しては10代のうちから計画的だった中島さんだったが、家族もそうとは限らないのが人生。大学2年のときに、父親が自己破産寸前になってしまう。

「父は『会社勤めは面白くない』という理由で会社を辞めて、長年職人としてフリーランスの『ひとり親方』のような立場で仕事を受けていました。私が生まれた頃は建設バブルだったからよかったものの、昔から仕事をもらうための営業が苦手なようで、仕事が全然ない時期もあったりしたんですね。母も働いてはいましたが、田舎なので給料も知れていて、正社員なのに手取りが10万円程度で。最終的に借金に借金を重ねて、総額が300万円ぐらいに。住宅ローンの返済すら猶予してもらう時期があり、両親の年収では自己破産を真剣に考えるほどでした」

中島さんはこの実家のピンチを、特殊な方法で解決する。

「奨学金の一部を、実家に仕送りすることにしたんです。最初は『大学をやめたほうがいいのかな』と真剣に考えていたんですが、よくよく考えてみると、当時の私はバイトで結構な収入があったので。奨学金は消費者金融のローンと比べると、金利が低いですしね。とはいえ、『こんな使い方していいのかな』という罪悪感はありました」

娘の奨学金で、父親の借金を返済する……なかなか異例なことだが、結果から言えば、亡くなった祖父の遺族年金や祖母の寡婦年金なども返済に充てるという、さらなる合わせ技を使い、中島さんの父親はなんとか自己破産は回避することができたという。

だが、その後もお金の無心は続き、結果的に、中島さんはアルバイトに勤しむ学生生活を送ることになる。

「レストラン、居酒屋、スナックで働きました。週6日は働いていて、土日は休んだことありません。地方は東京と違って終電を気にしない社会なので、夜遅くまで働いて自転車で帰るんですね。翌朝は眠いので、絶対に1限目は履修しないようにしていました。地方でしたけど、毎月10万円は稼いでいました」

そんなバイト生活の中で、中島さんの人生は思わぬ方向に転がることに。スナックバイトで出会った、エリートサラリーマンの年上彼氏ができたのだ。

「大学の近所には有名企業の研究所があって、そこには都心部から転勤してくるエリート会社員たちがたくさんいました。同い年ぐらいの女性と合コンしたくても地方にはいないので、私たちのような女子大生に手を出すんですよ。ご多分に漏れず、私も大学3年生から東京から転勤してきたメーカーの人と付き合うことになって（笑）。その人には『私は日々の生活と親で大変だ』と伝えていたので、交際開始後は半同棲するようになり、外食費はかからなくなりました。それでも、スナックのバイトは継続していたので、貯金もできるようになりました」

彼氏の「新卒専業主婦」の提案を断り、就職したら……

大学卒業が近づくと、その恋人からは「就職しないでいいから結婚しよう」と言われることになった。今どき、なかなかなさそうな「新卒専業主婦」というオファーだったが、中島さんは断ることにする。

「新卒カードを捨てるのはもったいない、少しは働いて社会を経験しようと思って就活を始めたんです。『1年ぐらいハードな職場で働いて、3年分のキツさを味わってから辞めよう、家庭に入ろう』と考えたんですね」

これまた独特な就活理由だが、中島さんは不動産関係の会社から内定を獲得。大学の近くの支社で働くことになった。

そして、働く中で自身の適性に気づいていった。

「いざ入社して働いてみると、飲食とスナックでのバイト経験が活きて、接客がうまい具合にこなせたんです。私があまりにもお喋りなので社長に気に入られてしまって、まさかの東京への転勤が決まりました。そこではマンションの販売を手掛ける部署に配属。当時、私が入社した会社は創業してから日がまだ浅く、国立大学出身であることもプラスに働いたのかもしれません。まあ、単純に『営業先との飲み会でお酌してくれるような女の子が欲しかった』だけかもですが……」

思わぬ東京勤務は、恋愛にも影響を及ぼした。

「彼氏と遠距離恋愛になってしまい、1年後ぐらいに破局したんです。彼氏の会社に、かわいくて私より若い地元の女の子たちが入社してきたので、そっちに行っちゃったんですよね。彼氏にしてみれば『東京でハードワークしている女』よりも、『すぐに仕事を辞めてくれて、一緒に転勤についてきてくれる女』のほうがよかったのでしょう。要は捨てられたんです(笑)」

ケタケタと笑って話す彼女。どんな表情で聞けばいいのか筆者が悩んだというのはさておき、性格の明るさ、強さを再確認させられる。

リーマンショックと父親の「襲来」

こうして毎月約2万円の奨学金を、20年かけて返済する日々が始まった中島さんだったが、今度は業界に変化が起きる。リーマンショックが発生したのだ。

「不動産会社はバタバタ倒産するような状況で、私も必死で働いていました。日々のポスティングはもちろんのこと、チラシ配りをしてその辺を歩いている人をモデルルームに連れていったり、テレアポもやってましたね。彼氏とは別れたばかりで、奨学金の返済がある以上、簡単に仕事は辞められないし、実家への仕送りなんて気にしてられないし……。でも、学生時代に死ぬほどバイトしてきたせいか、なんだかんだ乗り切れちゃったんです。働くことへの耐性が、大学4年間で身についたみたいで」

こうして、持ち前のガッツでリーマンショックを乗り切った中島さん。転職も経験し、生き馬の目を抜く不動産業界で順調にステップアップし、30歳を過ぎて結婚もした。

だが、給与も生活も安定してきた頃、父親に関するまさかの連絡が届いた。

「東京の病院から『お父さんが倒れた』という連絡が来たんです。なぜ地元にいるはずの父が東京に？　実は父は私の知らぬ間にこっそり上京していて、一人暮らしをしながら働いていたんですね。でも、東京には地元にはない娯楽があるものですから、またお金を使い込んでは消費者金融でお金を借りて、最終的に病院から連絡が来るという……」

診断は「脳溢血」――。

父親の容態は心配だったが、なんとか一命は取り留めた。が、父のお財布状況は、すでに終わっていたようだ。

「父が当時住んでいたアパートに行ったところ、懲りずにまたクレジットカード業者のキャッシングとサラ金を利用していたことが判明したんです。だから、部屋中を隈なく探して、クレカや金目の物は全部私が預かりました。車も私が勝手に売る手配をして、クレカもいくら負債が残っているのかを把握して、アパートも退去の手続きをして、不用品回収を呼んで部屋中をきれいにしてもらって、退院後は父を地元に強制送還させました。当時、父の借金は250万円ぐらい。うち200万円を私が肩代わりして、『残りは自分で返すように』と言って、父に戻しました」

こうして、奨学金をかなり返せる額の貯金が、父の借金返済に消えた。

奨学金返済に加えて友人の結婚ラッシュで財政事情悪化

なんとも過酷な状況だが、今になって振り返ったとき、金銭的に一番キツかったのは父親の借金返済よりも、独身時代の20代後半だったという。社宅を出たことと、友人たちの結婚ラッシュが重なったことが原因だ。

「私は地元も大学も地方なので、結婚式に参加すると、お金が結構かかるんです。ご祝儀代とは別に、交通費が最低でも2万円はかかりますし、地方ならではのお足代も実際はあんまり出ません。だけど、私は『学生時代も過酷な社会人生活も、友達のおかげで乗り切れた』と思っているので、出席を断るわけにはいかなかった。いろんなことが重なったときは、JASSOに『来月はたぶん返済できません』と電話して、猶予の手続きをしたこともあります」

周囲の人たちと自分を比べてしまうこともあった。

「当時は中堅の不動産会社に勤務していたので、同業界のより大手の会社に勤務するエリートな同世代たちよりも給与が低く、すでに奨学金という借金を持っているカツカツな自分と比べてしまい、落ち込むこともよくありました」

このように、お金に悩むことの多い30代前半までを経験した中島さんだったが、1年ほど前に、奨学金を一括返済したという。

「奨学金の金利は低いと言われることが多いですが、利率固定方式だったこともあり、私の場合は1％以上でした。結婚を契機にマンションを購入したのですが、金利は0・4％台。『家より金利が高い借金ってなに？』と思うようになったんです」

第二種奨学金の利率の算定方法には、①利率固定方式と②利率見直し方式の2つがある。第二種奨学金を申し込む際にいずれか一方を選択することになるのだが、この利率の算定方法は、貸与期間が終了する年度の一定時期まで変更することができる。

つまり、大学1年生〜4年生まで借りた人の場合、4年生の時点で変更することができるのだが、逆に言えば卒業後、より正確に言えば貸与期間の終了後に変更することはできない。

そして、①の利率固定方式では、貸与終了時に決定した利率が返済完了まで適用されるのに対し、②の利率見直し方式の場合、貸与終了時に決定した利率は、約5年ごとに見直される……という違いもある。

今の市場金利が低さだと、②の利率見直し方式を選んでいた人は少ない利息で済んでいるが、中島さんのように①の利率固定方式を選んでいた場合、それよりも多くなったのだ。

もちろん裏を返せば、今後、金利が大きく上昇した場合は、①の利率固定方式のほうが利息が少なくなる可能性もあるということだ。

貧困家庭出身でも挽回できる。が、大変なのもまた事実

なかなか波瀾万丈な人生だが、良くも悪くも、奨学金があったおかげで一生懸命に働くことができ、今の生活に至ったと振り返る中島さん。

ただ、返済がある以上は、いくら借りるかについてはしっかり考えるべきだと話す。

「大学に進学したいのに金銭的な理由で諦めるぐらいなら、奨学金を借りてでも進学したほうがいいとは思います。私は地方の国立大学出身で、社会人としてのスタートも中小企業でしたが、今はステップアップして東大・京大卒の人たちと働いています。貧しさによるハンディは、社会人になってからでも挽回できます。ただし、借りる金額はきちんと計画したほうがいいでしょう。私のように、有利子の場合は特にそうです。振り返ってみても、やっぱり、毎月2万円の返済がある時期はなかなか大変でした。20代後半〜30代前半になって、結婚を考えるようになると、『借金がある自分ってどうなんだろう？』『かといって一括返済しても、余力が残るほど貯金はないし……』みたいな考え方にもなりますしね」

お金の計画について口を酸っぱくして言うのは、やはり父の存在があるからだ。地元への強制送還から1年後には、父はケロッと車を購入。本来、中島さんが当時200万円の

借金を肩代わりしなければ、父は返済できずブラックリストに載っていたはずだが、中島さんが一部返済したことで延滞せずに済み、車のローンという新たな借り入れの審査に通ってしまったのだという。

「こんなことなら借金を肩代わりせずにブラックリスト入りさせておけばよかったですよね（笑）」と呆れつつ、中島さんは「地方の貧困家庭の親が、多額の奨学金を子どもに勧めること」に対し、こんな持論を述べた。

「私が多めに奨学金を借りたのは、母が『借りられるものは借りておいたら？』と言ったからでした。でも、母親は正社員ではあるものの、田舎ということもあって手取りで10万円程度です。これ、私の奨学金の月の貸与額と同じなんですよね。つまり、自分では到底返せない額のお金を、無知がゆえに娘に借りさせた……ということになるんです。奨学金を借りた当時は私もマネーリテラシーが低すぎましたが、親も相当だったと思います」

なにはともあれ、長年の奨学金返済生活から解放された中島さん。

これから貯めたお金を自らへの投資に使うことが今年の目標で、1発目の投資は「歯並びを治すこと」に費やすそうだ。

中島さんの取材を終えて

　中島さんは話が上手で父親のキャッシングやクレジットカードの話を漫談のように、「小噺」をしてくるので、人の親御さんに失礼なのは承知で申し訳ないが、何度も笑わされた。

　それにしても、彼女の学生生活もなかなか壮絶である。「大学卒業」の資格を得たいがために、進学したにもかかわらず、アルバイトに明け暮れる日々となってしまい、学業に関するエピソードをあまり聞くことはできなかった。

　確かに、「大卒」というカードを持てたことで、彼女は父親がさらに増やした借金を背負えるぐらい稼げるようになったわけだが、果たしてこれは奨学金の正しい使い方だったのだろうか、と思ったのも事実だった。大学は勉強のために行く場所であって、バイトに没頭するのは本末転倒に思えたのだ。

　もちろん、これは中島さんを責めているわけではなく、「実際そうなってしまっている学生は少なくない」ということである。大学が学びの場であるなら、学生が多くの奨学金を抱えて、バイトに没頭せざるを得ない状況を、大学や国は見過ごしてていいのだろうか？

……と、そんなエラそうなことを語る一方で、奨学金の連載を担当しておきながら、筆者も決してマネーリテラシーのあるほうではなく、貯金はないに等しい。そのため、中島さんの父親の「借金小噺」を笑いつつ聞きながらも、若干耳が痛かったのだった。

CASE 4 「奨学金240万円」を借りた31歳女性のケース

奨学金返済当事者のインタビューを続けていると、それなりに共通点があることがわかってくる。「地方出身で大学進学とともに上京」「親と不仲で、離れる意味合いもあって実家から離れた大学に進学する」「きょうだいが3人以上いる」などだ。

東北地方の某県出身の山岸瞳さん（仮名・31歳）は、3人きょうだいの真ん中の女性。具体的には、2歳年上の兄、山岸さん、3歳年下の妹という並びだ。

そんな彼女はどういう経緯で奨学金を借りることになったのか。尋ねると、返ってきたのはこんな言葉であった。

「それはたぶん、私が〝物わかりのいい2番目の子ども〟だったからだと思いますよ」

聞けば、3人きょうだいの中で、奨学金を借りたのは彼女だけだと言う。

中高は公立、大学も国公立だったが父から「奨学金を借りて」

山岸さんの実家は自営業。兄が中高大とすべて私立（なおかつ大学は東京）だったこともあり、「子どもながらに、『うちはわりと裕福な家庭なんだ』と思っていました」と、振り返る。

「地方とはいえ、実家は県の中心的な街の中心部にあるマンションでした。両親がお金に困っているのを見たことは特になくて、だから、高校3年生のときに父親から『奨学金の話、学校でなかったの？』と言われたときは『借りなきゃいけないんだ……』という衝撃がありました」

兄とは違い、中高ともに公立だった山岸さんは、大学受験でも関東圏にある国立大学に現役で合格。「奨学金を借りて、生活費に充ててほしい」という父親の頼みを受け入れる形で、ＪＡＳＳＯから毎月5万円を借りることになった。

「当時はまだ高校生で、バイト経験もなかったので、一人暮らしをして生活費がどのくらいかかるのかとか、奨学金をどう返していくのかについては、実感はまったくわきませんでした。だから、借りることに対してネガティブな気持ちにもならなかった。父が『借りられるものは借りてほしい』みたいな、軽いテンションだったことも影響していたと思います。学費と家賃は親が負担してくれたので、『恵まれたほうだ』と思ってましたね」

　奨学金返済当事者にインタビューしていると、親が「借りられるものは借りてほしい」と言うのはよくあるケースだが、山岸さんもそうだったらしい。

　こうして毎月5万円を受け取りながら、幕を開けた大学生活。奨学金について扱ったネット記事や書籍では、いわゆる「奨学金地獄」のような事例が多く見られるが（なぜそんな報道が多いのか、本書では第3章にて、過去の報道から分析している）、山岸さんの場合はバイト漬けの学生生活ではなく、むしろ、月々の振り込みを若者らしく喜んでいたという。

「毎月決まった日に絶対5万円が入ってくるので『やったー！』と、普通に友達とランチに行ったり、ディズニーランドに遊びに行ったりしていましたね。一応、バイトもやっていましたが、それでも月に4～5万稼ぐくらい。『わざわざ働かなくても、月5万入ってくるし……』という感じで、『借りたものだから、節約して使わないといけないよ』という気持ちにはならなかったです。とはいえ、散財というような使い方はしてなかったかな。ごくごく普通な金銭感覚だったと思います」

兄と自分で変わる「父親の金銭感覚」がどうにも納得いかない

兄と違って奨学金を借りたことに、この頃はまだ不満を感じていなかったという山岸さん。その背景にあったのは「下にまだ妹がいるし……」という気持ちだったが、大学１年の秋に驚きのニュースが飛び込んでくる。兄が、海外に留学するというのだ。しかも、実家暮らしである高校生の妹を使って探ってみれば、費用はすべて父親が出したという。

「てっきり、お金がないと思って奨学金を借りたのに、兄にはポンと出してたんですよ。このときばかりは『なんでお兄ちゃんばっかり！　やっぱり、長男がかわいいのか！』と、さすがにモヤりましたよね」

モヤモヤを抱えながらも、物わかりのいい2番目ゆえ、このときは気持ちをのみ込んだ山岸さん。その背後にあったのは「とはいえ、援助してくれるのは今のうちだけで、学生の間までだろう」という気持ちだったが、兄への支援は、自分で稼ぐようになった社会人になっても続いていくことになる。

「兄は昔から見えっ張りで、派手好きな性格。それゆえ、結婚式を誰もが知るような高級ホテルで挙げたんです。そして、その一部を父に出してもらって……。留学と結婚式を合わせて、どう少なく見積もっても、５００万～６００万円は出してもらってるんですね」

国立大学に進学した山岸さんなら、授業料を払ったうえで、十分にお釣りがくる金額である。

今は「地味に痛い」毎月の返済

4年間で総額240万円を借りながらも、世間一般が想像するような「普通」の学生生活を経て、山岸さんは新卒でネット系の会社に就職。卒業から半年が経過した頃に、15年間に及ぶ奨学金返済生活が始まった。9年払ってきた今、思うのは「払えるし、もちろん払うけど、地味に痛い」ことだと言う。

「学生時代は何も考えず、240万円という大金を4年で使い切ったのですが、今は毎月1万4000円引かれることが地味に痛いです。特に、会社を辞めて次の会社を探している無職の時期は、返済にストレスを感じやすかったですね。JASSOに申請すれば返済額が減額されたり、一定期間猶予されることも知ってはいたんですけど、将来の自分が大変になると思うとそれもできず。お金が減っていくのを見ると『早く仕事を探さないと！』という気持ちになります。1社目は精神的に病んで退職したこともあって、失業給付金が入る前は、『お金がピンチで美容室に行けない』みたいな時期とかは普通にありました」

失われた30年間で、日本は労働者の給料がほとんど上がっていない、というのはよく知られることだ。20万円前後の手取りで東京に住むとなると、少しでもピンチに陥ると、女性の場合、美容代が削られやすいのかもしれない。山岸さんの場合は、その後なんとか精神的に復調し、転職も成功させたようだが、ブラック企業の犠牲者になっていれば違う未来が待ち受けていた可能性もあるだろう。

だからこそ、返済に対してはこんな気持ちもあるようだ。

「親が兄に対して何百万円もポンと出しているのを見ると、私も親にお金を借りて、毎月ではなく返せるタイミングで返すほうが、まだ楽だったのかなとも思ったりもしますよね。親なら奨学金と違って、利息もつかないですし」

奨学金で自身に起きた「ローンに抵抗感」という変化

「物わかりのいい2番目の子」だったこともあり、兄にお金が注ぎ込まれるのを横目に、自身は奨学金を借りることになった山岸さん。彼女の価値観や生き方に、奨学金はどんな変化を及ぼしたのだろうか？

尋ねると、少し考えたのち、返ってきたのは意外な言葉だった。

「ローンを組むことに抵抗を感じるようになりましたね。借金って、未来の自分に一方的に期待し、責任を押し付ける行為だと思うんです。『今の私には払えないけど、あなたなら払えるよね？』って。実際、新卒のときはクレジットカードで服とか買いまくって、『数か月後の自分頑張れ！』みたいな性格でした。でも、今ではほとんど現金払い。『今、現金で一括で買えないようなものは、数か月後でも買うことはできない』と考えるようになったんですよね。恋人がお金に細かい人で、『カードで支払えば1％還元されるのに、もったいない』とか言ってくるんですけど、頑なにキャッシュ派を貫いています。そんな考えだから、家や車を買うことは、私の人生ではたぶんないでしょうね。私の地元はかなりの車社会なんですけど、それでも免許を取るつもりはないです」

奨学金を借りた結果、現金派になる……なかなか独特な変化だが、今でもなお、東京に送り出してくれた両親には感謝していると言う。

「親としても、危なっかしいというか、手がかかる子にお金をかけるのは自然なことかなと、今は思っています。父も、『これからも兄はもっとお金がかかりそうだ』と判断したうえで、私には奨学金を借りるように言ってきたのかもしれないですし。手堅く頑張ってきたからこそ、きょうだいの中で唯一奨学金を背負っているのは、『損してるなあ』という気持ちもありますけど、それでも大学の学費は払ってもらっているわけですしね。それで親を恨むのは違うということもわかっています」

最後に、奨学金という制度についても、意見をもらった。

「奨学金という制度そのものは、いいものだと思っています。学生生活で困らずに済んだのは事実だし、そのときにしかできない経験もできたなと。借りずに貧乏暮らしに耐えたほうが自分のためになったかと言うと、そんなことはないと思うんです。もちろん学費が安くなるとか、そういう変化は歓迎しますけど、一方で自分が借りたお金を自分で返すというのも、ある意味、当たり前のことだと思います。なので、今後も地道に返していきますよ」

奨学金返済当事者にインタビューしていると、実は山岸さんのように「きょうだい間で使ってもらえる金額に差があった」と言う人に出会うことは少なくない。なぜそうなったかは彼らの両親に聞いてみないとわからないが、大学の受験勉強を必死でしている高校生に、そういうことを考える時間的・精神的余裕はなかなかないだろう。

奨学金は借金である。しかし、使い方次第では自分の人生を切り開くことにもつながる。親が他のきょうだいのように支援してくれない場合でも、決して諦める必要はないだろう。

山岸さんの取材を終えて

山岸さんの取材は、東洋経済オンラインでの記念すべき連載第1回であった。知り合いのツテをたどって紹介してもらった彼女へのインタビューは、正直「世の中に溢れてる『奨学金地獄』的な記事ほどのインパクトはないな」と思ったものの、記事を公開したところ同じような家庭環境で育った人たちがSNSで大いに拡散してくれて、「バズった」。

きょうだいに平等に愛を注いでも、平等にお金を注ぐとは限らない。むしろ、出来の悪い子のほうが親はお金をかけがちである——。奨学金当事者に話を聞いているとそんなことを感じる。山岸さんはそこに不満を抱いていたタイプだが、中には自ら受け入れて、「親の負担を少しでも減らしたい」と思って奨学金を選ぶ人もいる。価値観も家族との関係性も人それぞれなのでとやかく言うつもりはないが、高校生の時点で「お金を返す重み」を正しく認識できるかと言うと、そんなに容易ではないだろう。

また、一方で「奨学金を抱えている結果、現金派になった」というのは他の当事者からも時々出る声だ。クレジットカードはもちろんのこと、今やスマートフォンでキャッシュレス決済できる時代なのだから、逆行しているのは間違いない。

読者の多くが気づいているだろうが、本書は「マネーリテラシー」の話でもある。奨学金は借金かもしれないが、それを通じて適正な金銭管理の感覚を身につけられれば、得るものは決して少なくないだろう。

CASE 5 「奨学金290万円」を借りた37歳女性のケース

大学・大学院卒業後の進路もさまざまだが、三宅美野里さん（仮名・37歳）は現役の占い師である。

中学生まで東海地方で過ごし、高校進学と同時に北関東に引っ越した三宅さん。聞けば、父親が大変な暴れ者だったという。

「父はギャンブル、DV、酒を飲んでは暴れるという、典型的なダメな父親。母や私たちきょうだいは生活のために耐えていたのですが、私が高校に上がるタイミングで母は『もう一緒には住めない』と判断し、離婚しました」

こうして母親の地元の北関東へと引っ越した三宅さん。とはいえ、母親は手に職があるわけではなく、母子手当（児童扶養手当）と学費免除はあったものの、経済的に余裕のない生活だった。

個人塾の先生が「奨学金で進学」のススメ

そんな中、転機が訪れる。高校生の頃に、ひとりの先生と出会ったのだ。

「私はもともと成績が優秀なほうだったのですが、両親の離婚や、引っ越しに伴う友達との別れなどが重なり、高校入学後はすっかり気持ち的に沈んでしまっていたんです。勉強どころではなくて、家計のこともあり、就職しようと思っていました。そんな私を親戚が心配してくれて、個人で運営している小さな塾を特別に紹介してもらえることになったんです。一般的な塾より授業料が安かったのがその理由ですが、先生もいい人で、私に対して『奨学金というものがある』と教えてくれました。さらに先生は『大卒と高卒では出世ルートが全然違うし、高卒よりも稼げるから家族を支えられる』と……。そこから、奨学金を借りて大学に行きたいと思うようになりました」

しかし、母親の理解は得られなかった。

「きょうだいが3人もいるのに、私だけにお金をかけられないという理由でした。母は中卒なので、大学がどんな場所かを全然知らなくて、『そんな得体の知れないところで、厄介ごとを起こすのはやめてほしい』と。長年父からDVを受けていたせいで、精神的にも弱くなっていたのもあると思います」

その後、郵便局や飲食店でのバイトを経験するが、高校生の放課後バイトでは大きな貯金はつくれない。「消去法的に、学生寮のある国立大学に的を絞った」という三宅さんは、無事に現役で、志望していた隣県の国立大学に合格した。茨城県にある国公立大学に進学した中島恵さん（31ページに前出）と、同じような選択をしたと言えるわけだが、親元を離れる場合、「地方の国公立大学・学生寮」というのは、かかるお金を減らす現実的な選択のひとつだろう。

しかし、三宅さんの場合、入学金から自分で工面する必要があった。恩師の教え通りに、日本育英会（現JASSO）で240万円と、県の育英会で入学一時金を50万円、合計で290万円程度の第一種奨学金を借りた。

「高校時代はお小遣いも自分のバイト代から賄っていたのですが、むやみに使わずに貯めていたので、高校を卒業するときには30万円ぐらいの貯金があり、入学金はそれで払えました。入学一時金の50万円は教科書代や生活費の補填にしました」

学費は半額免除、寮費は月に1万円と格安

さらに授業料が半額免除となったため、借りた奨学金のほとんどを学費の支払いに充て、大学の学生寮の寮費と普段の生活費はアルバイトで賄った。寮費は水道光熱費込みで月に

1万円程度だったという。そんな彼女のキャンパスライフは、果たしてどのようになったのだろうか？

「サークルは憧れて一度入ってみたのですが、1年生の終わりの卒業シーズンに追い出しコンパが何度もあって、集金が多くて……。そこまで生活に余裕があったわけではないので、1年でやめることになりました。一方、アルバイトは週4～5日程度、ファミレスのホールに入っていました。働くのは大変でしたが、接客は好きだったので、4年間、明るい気持ちでできました」

聞く限りでは、充実したキャンパスライフを送ったように聞こえるが、大変なこともあった。ダイエットがきっかけで、摂食障害を患ってしまったのだ。

「食べては吐くという、過食嘔吐が大学時代に始まりました。一般的に女性はストレスがたまると爆食いするか、全然食べないかだと思うのですが、私は食べちゃうタイプだったんですね。当然、食べると見た目が気になるので、痩せたい気持ちも強まります。それもストレスになり、また食べてしまうのですが、次第に太ることへの恐怖から吐くことが常態化してしまって。食べることで食費が相当かかるけど、お金をかけても食べれば吐く。だから、パンの耳とか安い菓子パンを、物理的にある程度胃袋に入れて、入りきらなくなったら吐き出すようにしていました。住んでいた学生寮はトイレが共同だったので、バレないように、隙を見て夜中にこっそり吐いていました」

どことなく、母親との連鎖を感じさせるエピソードだが、幸いにも友人には恵まれ、特に寮生たちとは仲が良かったという。

「サークルは途中でやめてしまいましたが、寮でほかの学部の先輩たちとの交流はすごく持てました。寮に入るのには審査があるのですが、やはり家計が苦しい順に入れてくれるので劣等感を覚えることもなくて。私はお酒は飲めないんですが、寮の飲み会にはよく出ていました」

摂食障害を抱えながら先生に。しかし、挫折を経験

奨学金を借りたことで大学進学を果たした三宅さんが、進んだのは教育学部だった。入学後、摂食障害を患いながらも、教育実習などを経て無事に教員免許を取得し、大学を卒業。教員採用試験には合格しなかったものの、小中学校の家庭科の非常勤講師になる。

「子どもたちからすればみんな同じ『先生』ですが、私の勤務先では教員採用試験に受かった正規の教師は全体の3分の2程度に過ぎず、残りは講師や非常勤と呼ばれる人たちでした。やる業務はほとんど同じなのに、もはや正社員と非正規ぐらい待遇は給与から全然違うんですよ」

そのため、日々の業務と並行して、年に1回行われる採用試験に向けて対策しなければならなかった。しかし、当然ながら奨学金の返済はある。

「県の育英会から借りた入学一時金の50万円は、毎月1万6000円の返済だったので、2~3年で完済しました。でも、日本育英会の分を含めると3万円近くになるので、非常勤だと結構大変。だって、非常勤の私は年収にして120万円程度でしたからね。それで、副業もOKだったので、いろんなバイトをしていました。当時は教員採用試験の勉強もありましたが、正直勉強は半分諦めていて、とりあえず生活が先でした」

1コマごとの時間契約で授業をする非常勤講師。家庭科ということも、低年収に影響したようだが、そんな綱渡りの生活の中でも、6年目に転機を迎える。

「偶然、中学校の同級生と再会して結婚したことをきっかけに、中学生まで過ごした東海地方の某県に戻ってきたんです。同時にその県の教員採用試験を受けたら、なんと一発で合格！　当時はもう、仕事もプライベートも順風満帆でした」

しかし、教師の過酷な労働状況に、心身は次第に悲鳴を上げていく。

「正規の教諭としての勤め先は特別支援学校だったのですが、上司が厳しくて……。研修、レポート、研究授業の連続で、毎日もう日付が変わる前まで時間がかかってしまい、あとは帰って寝るだけ。それなのに、『もっとできるだろ！』と叱責されました。その上司は私より年上で、ずっと採用試験に落ち続けてきた人だったんですね。だから、新婚で、試験に一発合格した私にやっかみみたいなものがあったんだと思います。私は私で、まだ摂食障害があったので、気は遣うようにはしていましたが、ついに耐えきれなくなってしまって。職場に行こうとすると吐いてしまうようになったので、退職することになりました。当時は『やっと、頼れる家族ができた』という安心感もあって、糸が切れたんだと思います」

大学で出会った親友がくれた転機

病気もなかなか治らず、職場ガチャにも外れた三宅さんだが、結婚後も奨学金の返済は終わらない。退職後はどのようにして、返済していたのだろうか？

「日本育英会から借りた240万円は、毎月1万3000円の返済でしたが、派遣やパートで貯めたお金で返したり、主人に出してもらったりしていました。ただ、返済のたびに落ち込みました。奨学金を借りてまで大学に進学して教員免許を取ったのに、辞めてしまったら、何もなく、ただ借金だけが残ったわけですから」

その後、子宝に恵まれるが、摂食障害は依然として治らなかった。

「私はもともと外で働くのが好きで、専業主婦は向かない性格なんですね。主人からは

『パートぐらいにとどめて、育児に専念してほしい』と言われましたが、ワンオペ育児に耐えられなくなってしまい、主人の反対を押し切って保育園に入れて、生保レディを始めました。だけど、子どもの病気で仕事ができなかったり、それで上司が嫌な顔をすると、また自分を責めたりしてしまい、結局そこも私のメンタルの弱さが出て辞めてしまったんです。『心の弱さがあるうちは、どこに行っても結局辞めてしまうんだろう』と悲しくなりました」

さまざまな困難が続いた三宅さんだが、ここから人生が動いていく。きっかけとなったのは、大学時代、寮生活をともにした親友の存在だった。

「大学時代の親友がカウンセリング・コーチングの分野で起業したんです。彼女は過去にうつ病を発症しているのですが、カウンセリングを受けたところ治癒した、というのがその理由です。その話を聞いて、どんなものなんだろうと思って、興味本位で彼女のカウンセリングを受けたんですよ。そしたら、15年近く悩んでいた摂食障害が3か月で治ってしまったんです。『この15年間はいったい何だったんだ!?』と感動するとともに、私もカウンセリング・コーチングを仕事にしようと思って起業しました。でも、私が住んでいるのは田舎なので、カウンセリングもコーチングも認知されていない。そんな時に偶然、『よく当たる占い師』に出会い、『田舎でも、占い師としてならやっていける！』と思って、弟子入りしたんです。今は占いを、カウンセリングとコーチングも絡ませながらやっています」

三宅さんによると、占いもカウンセリングもコーチングも、それぞれ別物ではあるが似ているところも多いという。占い師としての活動を始めて3年目になる今でも、仕事は好調なんだとか。

「メインは出張占いなので、行けても一日3件が限界です。イベント会場などがあれば、十数件は占えますが、最近は子どもが小学校に上がったので、家庭を優先して緩く活動をしています。それでも、パートよりは稼げていますし、この仕事で奨学金を返しています。あと、摂食障害が治って3～4年経ちますが、最近ようやくむくみが取れて、顔が小さくなりました」

教員免許は無駄にはなったが、苦労は糧に変わっていった

占い師という仕事に対して、将来的には「会社員より稼げる可能性もある」と考えているという三宅さん。すっかり前向きに生きられているようだが、それでも彼女自身が語ったように、せっかく大学まで行って取得した教員免許が無駄になってしまったのも事実。このことをどう考えているのだろうか？

「奨学金を借りて大学に行けたことは、本当によかったと今でも思っています。大学ではいろんな地域から来た、いろんな考え方の学生に出会えて、広い世界を知れて、いろんな生き方ができるということを学べました。奨学金制度がなかったら、資格も何もない状態で高卒で就ける仕事だけをして、必然的に学士の人たちとの接点もないまま、地元の狭い世界の中にいたのだと思います。私は奨学金の存在を教えてもらって『知ること』ができた。未成年のうちは親の扶養ですが親を変えることはできないので、『知ること』ができれば環境を変えられるチャンスがあるということを、今の中高生たちには覚えていてほしいですね」

他方で、三宅さんは過去に体験してきた貧乏、病気、パワハラといった苦労も、少しずつ糧に変えていっている。

「今、占い師の仕事をしていて思うのは、『みんな、自分より幸せな人の話には聞く耳を持たない』ということ。いくら親身にアドバイスをしても『あなたは私みたいな大変な経験をしてない！』と言い返されることは、占い師にとってはよくあることなんです。でも、私は一通りの不幸を体験したことで話に説得力があるみたいで、『三宅さんができるなら、私もできるのかも……』というふうに、前向きになれるスイッチを入れてあげられる。今となっては、過去の不幸も利点になっているのかなと思いますね」

そもそも、親友がカウンセリングしてくれて……というのも、元はと言えば大学に行ったからこそ起きた出来事。彼女にとって、奨学金は学費であると同時に、ある意味では、治療費でもあったのかもしれない。

三宅さんの取材を終えて

三宅さんは教師になるべく、教員免許取得のために奨学金を借りたにもかかわらず、精神的なストレスから摂食障害を抱えてしまい、挙げ句の果てにはパワハラにも悩まされてしまい、念願の学校教師という夢を諦めてしまった。

これだけ聞くと、奨学金を借りたことは無駄になってしまったと思われるかもしれないが、奨学金を借りたことで進学できた大学で出会った友人とのつながりのおかげで今の道を切り開けたとも言えよう。

また、金銭的な面でのせめてもの救いで言うと、借りた奨学金が無利子の第一種だったことも非常に大きいだろう。無駄な利息を払わずに済んだため、気持ち的にもだいぶ落ち着けたのだろう。月の返済額も1万円程度なら、まだ納得できる額かもしれない。

そもそも、教師になるのがここまで難しいとは思わなかった。教育者というのは国にとっては必須の人材だが、そこまで過酷な道を強いらせる意味はあるのだろうか？

三宅さんのケースは直接的に奨学金に関連する話は少ないかもしれない。しかしながら、繰り返しになるが、奨学金を借りたおかげで「狭い世界」から抜け出すことができ、「知ること」ができたのは間違いないことなのだ。

CASE 6 「奨学金440万円」を借りた43歳女性のケース

奨学金と言うと、国の機関（独立行政法人）であるＪＡＳＳＯが提供している、貸与型奨学金を想像する人が多いだろうが、看護職や理学療法士の仕事に就く意思がある者に対して、自治体や医療法人が奨学金（修学資金・貸付金と表現されることも）を貸与する、いわゆる「看護奨学金」と呼ばれる制度がある。

この制度では、看護学校や医療系の学校に通い、卒業後に指定の施設で一定期間働けば奨学金の返還額の全額または一部が免除される。

働いている間は給与も支給されるため、一見、学生思いにも感じられるこの制度だが、実はデメリットも少なくない。期間内に退職してしまうと、貸与された奨学金の全額を、一括で返済することを求められる場合が少なくないからだ。

就職先に馴染めるかは、学生のうちになかなか予想できるものではない。また、どんな上司・同僚がいるかも予想できず、「職場ガチャ」に外れてしまうケースもあるのだ。

看護奨学金制度の「落とし穴」にハマりかけた女性

さて、看護師で保健師の前田美香さん（仮名・43歳）は、そんな看護奨学金を活用した結果、苦労をした経験を持つ女性である。

「奨学金を借りた理由は2つあって、まず、私が3人きょうだいの末っ子だったこと。父は就職氷河期に就職活動を経験したため、『これからどうなるかわからないから、医療系の資格は絶対持っとけ』と、3人の子どもたちには医療従事者を勧めて、実際に3人ともその道に進んだんです。でも、姉と兄の進学に際して結構な金額のお金を使ってしまって、私の分は残されてなかった。また、私が中学・高校の時に母親が入院していて、その入院費が結構かさんでいたのも影響しました」

そんな家庭状況だったが、父親の気持ちに応えるため、前田さんは3年制の看護系短大に入学。公立だったので、学費は安く、実家から通える距離でもあった。

「入学金や学費は相当安かったです。特に地元の人間は優遇されるので、入学金は10万円程度で、学費も月2万〜3万円。3年間で100万円程度しかかかってないから、親孝行ですよね。一方で、借りたのは第一種奨学金を120万円と、地元の県が提供している、『卒業後に200床以上の病院で5年間働けば、返済が免除される』という『お礼奉公』付きの奨学金を120万円で、合計240万円。学費を考えると、ちょっと借りすぎですよね」

つまり、学費の倍の奨学金を借りたわけだが、その選択は間違いではなかった。看護師の資格を取得したのち、保健師の資格を取るために他県の国立大学に編入したのだ。そこに2年間通ったため、学生生活は合計で5年間となった。

「当時はまだ保健師という職業ができたばかりで、周囲に目指している人はいませんでした。でも、看護師に加えて保健師の資格もあったほうが、給与面でかなり変わってくるんですよ。それに、看護の業務だけではなく、特定保健指導、人間ドック受診者の面談、患者の健康指導など仕事にバラエティが出るんですよね」

珍しいルートを歩むことになった前田さんだが、公立短大から国立大学へ進み、両親は喜んだ。

「卒業すれば学士だし、父親は国立ブランドというのが、いかに大事なのかということを昔から語っていましたからね。編入して学生生活が延びたことで、3年間借りた奨学金の返済も先になりました。そして、国立と言っても公立よりは学費が高かったため、新たに第二種奨学金を200万円借りました。これで総額440万円ですね」

大学病院に就職も、職場が絶望的に合わず……

こうして、看護師であると同時に保健師にもなった前田さんは、卒業後は奨学金返済が免除になる指定施設のひとつであり、かつて通っていた短大の附属病院に就職する。

ただ、これが彼女にとってあまり良い選択とはならなかった。

「1年目なので保健師よりも看護師の業務がメインになるのですが、大学病院というのが本当に自分には合いませんでした。内科から眼科まで混合という、なんでもやる病棟の仕事に慣れることができず、毎日17時上がりのはずが23時ぐらいまで残っていて、それでも仕事が終わらない。出来が悪いと言いますか、怖い先輩から『仕事の優先順位を考えろ』と言われても、全然考えられないし、本当にのみ込みが遅かったんですよね」

看護師に限らず、どの世界でも1年目とはそういうものだが、どうにも前田さんと大学病院は相性が悪すぎたようだ。

「監督者にも『自分の身の丈に合うような、もっと小さな病院で働いたほうがいい』と言われる始末でした。だけど、奨学金返済免除の条件は『200床以上の病院で5年間働くこと』だったので、5年間働かないと120万円を自費で返さなければなりません。だから、辞めたくても辞めるわけにはいかない……。当時は友達も少なかったし、相談できる仲間もおらず、外に遊びに行くこともないので、休みの日は寮の自室にずっと引きこもって鬱々としていました」

同級生から「ネットワークビジネスの誘い」

奨学金が、仕事を辞めたくても辞められなくする、いわば枷《かせ》のようになってしまったわけだが、ここから話は思わぬ方向に急展開する。

「寮の自室で塞ぎ込んでばかりいたのですが、あるとき、同じ寮に住む短大時代の同級生が『お部屋でケーキ焼いてみたよ』と、手作りのケーキを持ってきてくれたんです。そんなに仲良しでもない子でしたが、とてもおいしかったので詳しく聞いてみたら『すごくいいお鍋で焼いたんだよ』『週末にこのお鍋を使って料理パーティをするんだけど、あなたも来る？』と。行ってみたら……そう、ネットワークビジネスでした。ただ、世間知らずだった私は素直にすごいと思ってしまい、『グループ内で上位に行けば権利収入を得られて、成功すればたくさんお金がもらえて、仲間もいっぱいできて……』と説明されるうちに感化されてしまって。『素晴らしい仲間ができて、権利収入ももらえるんだったら、今の嫌な仕事を辞められるし、奨学金も返せるじゃん！』と、そのときは思っちゃったんですよね」

話を聞いていると、前田さんは極めて真面目な性格。学生時代も遊ぶことはあまりせず、バイトと学業に勤しんでいたらしい。ただ、その結果の友人付き合いの乏しさが、裏目に出てしまった。

その後、友人に感化される形で前田さんは積極的な勧誘活動を開始するのだが、当然ながら良い方向には運ばない。

寝不足になり、遅刻も繰り返し、とうとう職場にもネットワークビジネスがバレてしまう。結局、大学病院を2年半で退職し、親にも勘当されてしまったという。

「ネットワークビジネスで周囲にいろいろ迷惑をかけてしまい、辞めざるを得なくなったんですよね。それで、親に『看護師辞める』と言ったところ、『お前はもう、うちの娘じゃない！』と激怒されたんです。ネットワークビジネスの件はもちろん、公務員を2年半で辞めたというのが許せなかったのでしょう。しかも、5年勤めきれず、奨学金を全額返済しなくてはならなくなったと思ったのも、影響していたんだと思います」

奨学金返済免除もナシになると思いきや

こうして、仕事を失った前田さん。住んでいた寮も出て行かざるを得なくなり、近所の総合病院でアルバイトとして働くことになるが、奨学金返済はどうなったのだろうか？

「今まで働いた分がリセットされてしまい全額返還になってしまうのかな、と思っていたのですが、自治体の奨学金の窓口に相談してみたところ、県内の別の病院で3年働いたら返済免除になることに。実は200床未満の小規模病院だと、5年ではなく3年で返済免除だったんですよ。また、退職から入職までのブランクがなかったことも幸いしました」

制度の設計に助けられる形で、首の皮一枚つながったわけだ（なお、これは当時のルールであり、現在は変わっているという。自治体によってもルールは異なるので、活用する人は調べてみてほしい）。

そして、新しい病院での看護業務は、大学病院とは大きく異なる環境であり、これが彼女には合っていた。

「大学病院がキツすぎて合わなかったのですが、町の病院は私にすごく合いました。町の総合病院は大学病院と比べると業務量がずっと少ないし、ありふれた病気を扱っているので、レベルが全然違うんですよ。アルバイトになって公務員ではなくなったこともあり、支給されていたボーナスはなくなりましたし、寮もないので一人暮らしの費用もかかりました。それでも、月20日働けば、手取りで20万円程度はもらえたので、バイトでも食べていくことができたんです」

仕事に忙殺され、気分が塞ぎ込んだことから始めたネットワークビジネスからも、ようやく足を洗う。

「ネットワークビジネスで騒ぎを起こして前の病院を辞めたのに、バイト先の病院でも懲りずに続けていたんですよね。だけど、散財したせいで、450万円あった貯金がとうとう100万円にまで減っていたんですよ。奨学金を返せる額だったのに……。そこから、『これはおかしい』と思うようになって、ついにやめました。あれだけ頑張ったのに権利収入がまったくないのはおかしいと、ようやく気づいたんですよね」

なくしたカネは戻ってこないが、それでも、気持ちの面で楽になった前田さんは、ここから奨学金返済に本腰を入れ始める。

「大学病院で働いていた頃は毎月、第一種奨学金が1万円程度、第二種奨学金が2万円程度、合計3万円程度を返していました。それで、バイトを始めたときに、これからどれだけ返さないといけないのか、再度計算してみたところ、第一種が90万円、第二種が140万円も残っていたのです。そこから一念発起して、フルタイムのバイトに加えて、週3回別の病院で夜診のバイトも始めました。それで月の手取りも30万円程度に。家賃や光熱費などで10万円引かれても、20万円は残ります。そこから、15万円を貯金に回し、残りの5万円でなんとかやりくりしていました。もう、毎日安い食材を買って、自炊してお弁当作って、外食とおやつは一切なし。ストイックな日々でした」

その後、1年にわたって月15万円の貯金を続けた前田さんは、アルバイトの身でありながら、ついに第一種奨学金の支払いを終えた。このときまだ27〜28歳だったというから、一念発起してからの立ち直りは早かったと言えそうだ。

返済免除になればいいものの、デメリットは十分知っておくべき

本ケースの冒頭で述べた通り、看護奨学金の制度にはデメリットがある。合わない職場で働くことになった前田さんのケースは、退職の直接の原因（ネットワークビジネス）こそやや極端なものの、新卒社会人の悩みとしては普遍的だったと言えるだろう。

だからこそ、前田さんは後輩たちへこんな想いを語る。

「新人の看護師の中には『看護奨学金の返済免除があるから病院を辞められない』と思っている人が多いですすし、SNSを見ても奨学金の返済に悩んで『死にたい』『死ぬほど辛い』と投稿しているアカウントもよく見かけます。でも、自分に合った職場がある可能性

も当然あるので、そちら側にも目を向けてみてほしい。そして、それは決して逃げではないことを知ってほしいです。また、一口に看護奨学金と言っても、条件はさまざまです。私が借りていた県の奨学金はアルバイトでもフルタイムだったら返済免除になりましたが、グループや個々の病院になると、病棟、外来、アルバイト、常勤などで、返済免除の条件が変わってくるはず。だから、『就職先の病院が自分に合わなかった場合』のことも考えておかないといけないと思うんですよね」

その後、奨学金をすべて返済したことを両親に報告したことで、ようやく和解。「勘当」と言われたときとは打って変わって褒められ、実は彼女のためにこっそり貯めていたという、200万円もの学資保険が前田さんの口座に振り込まれた。実際は娘のことを気にかけていたようだ。

「『よくやった！　もう、言うことは何もない』と言われましたね……。いただいた200万円はありがたく心理学や自己啓発、昔から興味があった音楽の勉強に使いました。もう、ネットワークビジネスには使っていませんよ（笑）。でも、奨学金を完済してからは、趣味に興じるようになり、音楽の専門学校に入り直しました。そこでDTMの勉強をしたり、2年前からはYouTubeに動画投稿も始めて、今ではチャンネル登録者数も2000人を超えています」

奨学金で「お金の仕組みを学べた」

現在、前田さんは看護師、保健師として働くほか、音楽活動は趣味にとどまらず、最近では講師もしているという。仕事に趣味に自由に生きているようだが、ネガティブに捉えられがちな奨学金を借りたことで、「お金の仕組みを学べた」と振り返る。

「奨学金を借りたことに後悔なんてないです。というのも、奨学金を借りたことで、自己投資ということを学べたからです。何かを成し遂げるために先に投資するというのは、非常に大事なこと。なぜなら、その後でそれ以上のことが返ってくるわけですから。自己投資して一生懸命生きて、学んで、仕事した結果、私は多くの看護の技術と知識を獲得しましたし、さらに看護とは別の音楽などの知識や技術も身についたので、今は金銭的にも精神的にも、非常に潤った生活を送れています」

一時はネットワークビジネスで、貯金を溶かしてしまった前田さんだが、コツコツ働いて、お金を貯めて、自己投資を続けたことで、安定した収入を叶えた。落とし穴も紆余曲折もあったが、それらも彼女の場合は糧になっているようだ。

前田さんの取材を終えて

とても不思議な人だった。明るく朗らかな口調ながら、それでいて、「ネットワークビジネスにハマった」と言うのだから、その話し方の巧みさに、どことなく合点がいった気もしなくはない。

「看護奨学金」の存在を初めて知ったとき、筆者自身も便利な制度だと思ったのだが、まさか就職後に「人間関係」という落とし穴があるとは思ってもいなかった。

しかし、前田さんの看護奨学金制度に関する提言は至ってまともだ。今も多くの看護師を目指す学生が利用するこの制度は、数ある奨学金制度の中でもなかなか「グレー」なので、「指定された期間に満たず退職した場合、全額を一括で返済するように求められる」ケースも存在するのだという。記事中では「奨学金を返済するのが嫌だから、泣く泣く自分と合わない病院で勤務を続ける看護師もいる」例を紹介しているが、「数百万円が惜しくて、心を壊してしまった」のだとしたら、それは数百万円どころの損害ではないだろう。

今後、看護師を目指す者たちが看護奨学金を借りるにしても、それが「どんな条件なのか？」ということは、大事に見極めてほしい。就職先の病院は選べないかもしれないが、看護奨学金の詳細や病院の評判などは、インターネットには載っているので、それらを参考にするのもひとつの手だろう。

CASE 7 「給付型奨学金170万円」をもらった22歳男性のケース

「最近は給付型の奨学金をもらっている学生もそれなりにいる印象です。私もコロナ禍に入る前の1年生の終わり頃に、企業や財団など民間の給付型奨学金があることを、大学のポータルサイトで知りました。当時は学費を両親に払ってもらっていましたが、少しでも家計の足しになればと思い、応募しました。サイトには40〜50もの団体の奨学金の募集案内が掲載されていて、それを目にしたときは『奨学金ってこんなにあるんだ！』と素直に驚きましたね」

本書でも繰り返し述べていることだが、奨学金と言うとJASSOの貸与型奨学金を想像する人が大半だろう。しかし、あまり知られていないだけで、企業や財団が運営する、返済不要な「給付型奨学金」も実は数多く存在している。今回、話を聞いた現役大学生・花田聖人さん（仮名・22歳）もその受給者のひとりだ。

親は高卒、下に弟妹が控えて「奨学金は必須だった」

現在、関西の国公立大学に在籍している花田さんだが、出身は中京地方の某県。地元の公立高校（進学校）出身で、周囲は大学に進学することが当然という温度感だった。

「僕の地元は、とある大企業のお膝元。周囲の友人の多くは親がその会社に勤務していて、比較的裕福な家庭が多い印象でした。そんななか、自分の実家はあまり経済的に余裕がなく、『うちにはそんなにお金ないよ』と聞かされて育ってきました。私自身、年の近い2人の弟妹が4年制大学への進学を考えていたこともあり、そうなると家計の負担が大きくなることは目に見えていたので、受験前から『奨学金を借りることになるだろう』と思っていました」

家族思いの花田さん。プライバシーの手前、実際の大学名は記載できないが、国公立大学に限定して受験勉強に励み、現役で関西にある国公立大学に合格するほどの、頭脳の持ち主である。

両親はともに高卒だったが、それでも進学の意思は尊重してもらえたという。

「両親は『大学のことはよくわからん』とは言っていましたが、志望大学に合格したときはさすがに驚かれましたよね」

そして、いざ入学するタイミングになって、両親からうれしい言葉をもらうことになる。

「もともと、入学金も奨学金で賄う予定だったのですが、ありがたいことに両親が『必要な分は出すから、今は借りなくてもいいよ』と言ってくれて、入学金と1年生の分の授業料は出してもらえたんです。当時、父親は再就職先が決まったばかりの状況で、家族のために頑張ってくれているタイミングだったので、今でも本当に感謝しかないです」

こうして大学に入学した花田さんは、地元を離れて一人暮らしを始めた。一人暮らしする場合、お金の面で大事になってくるのは「どんな家に住むのか？」というところだが、花田さんは寮での生活を選んだ。

だが、数ある寮の中でも、彼が入居したところは何もかもが格安だったようだ。

「受験直前の時期に、大学周辺で物件を探しているときに、大学の寮の存在を知りました。家賃の桁がひとつ違うので『もうここしかない！』と思って。そこは年間の寮費が、光熱費・インターネット料金込みで6万円程度と、とにかく破格なんです。おまけに、学生寮の中に食堂があるので、1000円あれば一日3食お腹いっぱい食べられます。まあその分、16畳の部屋を4人で共有するわけで、リモート授業がかぶったときは、室内で2人同時に発言すると聞き取りにくいなんてことはありましたけど……」

だが、4年生になった今も、この選択は間違いではなかったと感じているようだ。

「家賃と食費を抑えられた結果、今ではアルバイトも飲食店と弁護士事務所に、週２回通うだけで十分ですし、学部や学年も異なるたくさんの寮生と仲良くなることができ、楽しい共同生活を過ごせています」

2年生から「給付型奨学金」をもらえることに

コロナ禍真っただ中にもかかわらず、聞く分には楽しい学生生活を送っている花田さんだが、それでも親に任せている学費の負担は気になっていた。そんな中、冒頭で紹介した給付型奨学金の存在を知ることになる。

「2年生のときに、地元（大学のある地域）の信用金庫から、給付型奨学金を支給してもらえることになりました。私が通っている大学の２年生３名を対象にしたもので、毎月２万円、３年間で総額72万円を支給してもらえます。実際に申請が通るとは思っておらず、正直アテにしていなかったので、本当にありがたかったです。奨学金と同じ額をアルバイトで稼ぐためには、どれほど働かなくてはならないのか。この先、親の仕送りはどれほど必要なのか……。そういったことを考える必要もなくなり、学業に打ち込めるようになりました」

採用されたことに驚いた花田さんだったが、「大学のポータルサイトだけで40～50もの企業や財団が給付型奨学金の募集をしているのなら、ほかにももっと選択肢があるのでは?」と考え、自主的にリサーチを行うように。

結果、3年時からは別の財団の給付型奨学金を支給してもらえることになる。法学部生の新3年生10名を対象とするもので、こちらは2年間で合計96万円に達した。2つ合わせて、大学在学中の給付総額は168万円になる計算だ。

このように、奨学金と言えばJASSOの貸与型奨学金を想像しがちだが、企業や財団・大学・地方自治体などが独自に提供している、給付型奨学金も数多く存在している。だが、給付型奨学金にも、問題点・課題は存在する。大きく分けて3つほどあるだろう。

①情報をリサーチする必要がある
②各奨学金ごとに申請をしなければならず、応募に手間がかかる
③募集人数が少なく、給付のハードルが高い

2022年現在では「ガクシー」(株式会社ガクシーが運営)のような、給付型に特化した奨学金情報サイトも登場しており、情報収集はしやすくなってきているが、それでも応募作業に時間がかかる現状は残っている。

「申請書はそれぞれフォーマットも、記載事項も違います。使い回すわけにもいかないので、メモしておいた志望動機をそれぞれの申請書に合うような形で書き換えるのですが、不採用だと作業は無駄になってしまいます。私の場合、月額6万～8万円の給付金額が高いものも応募しましたが、全然通りませんでしたね。また、募集条件が特になく、『大学生なら誰でも申請可』という具合の地元の新聞社の給付型奨学金も通りませんでした。その結果、応募要件や募集人数・給付金額を見極めたうえで、受かる見込みがあるところに出すようになりました。幸か不幸か、コロナで飲食のバイト先が休業していた頃だったので、空いた時間を活用することができましたが、それでも申請手続きは複雑かつ手順が多くて、時間も労力もかかりました」

それでも、時間をかけて調べた結果、応募要件を満たさない場合もある。

「実家のある市町村の給付型奨学金も考えていたのですが、募集要項の中の世帯年収の条件が厳しく、不採用が明らかなので申請しなかったんです。自治体が提供している奨学金制度は、JASSOの給付型奨学金に近い要件で、『ずっと貧しい家の学生たちを支援している』ということを感じました。それもあって、申請の間口が広い企業や財団の給付型奨学金に応募したんです」

リサーチは必須だが、苦学生ほどその作業は大変になる

この「ただでさえ学業に忙しい真面目な学生ほど、必要な情報を調べる時間がない」というジレンマは、奨学金に限らず、授業料免除の申請にも当てはまる。花田さん自身、部活動や大学受験でいっぱいいっぱいだった高校3年時にはそういったリサーチまで考えられず、結果、大学の授業料免除の制度に申し込んでいなかったという。

「そういう制度があることを、入学当初は知らなかったんですよ。1年生の後期に友達に教えてもらって、後期の授業料免除申請を出したのですが、これは通りませんでした。ただ、2~4年生のときに申請した分は全額免除になりました。あくまで私の予想ですが、弟も大学に進学した旨を応募の際に報告したことが審査に影響したんだと思います。でも、何が免除の対象になるかは大学によって違っているようで、弟の通っている国立大学の場合は、授業料免除の制度は、私の大学よりも手厚くないみたいです。大学の規模によるのでしょうか」

24ページでも紹介したように、免除の基準は、大学ごとに異なっているらしい。

それでも、結果的に花田さんは返済不要の奨学金を獲得したことで余裕ができ、4年生になった今は、ロースクール（法科大学院）進学のための勉強に打ち込む毎日だ。

「入学したときは特にロースクールや弁護士を目指していたわけではないのですが、法律事務所でバイトしたのがきっかけで、弁護士という仕事に憧れるようになったんですね。その背景には、経済的な事情も当然関わっています。うちの大学のロースクールは年間80万円程度かかるのですが、給付型奨学金と授業料免除、破格の寮のおかげで、金銭的な負担をある程度抑えられてきた結果、『我が家の経済状況でも、ロースクールを目指すことは可能だ』と思えるようになったんです。バイトに明け暮れずに、勉強時間を確保できたのも大きかったですね」

大学院では貸与型奨学金も選択肢に

卒業時までに、約170万円分の奨学金に加え、授業料免除の恩恵を受ける計算になるが、花田さんは大学院でも、給付型奨学金の申請を考えているという。

「これまで受けてきた奨学金は2つとも、4年生で支給が終わるんですよね。院生でも今の寮には残れると思いますが、2年で授業料・入学金で160万円程度かかりますからね。教材も1冊5000円～1万円するそうなので、経済的な負担は今よりも大きくなると思います。あと、ロースクールの授業料免除の制度は学部とは異なり独自の基準らしいので、来年以降通るのかどうか心配です。そのため院進できたら給付型奨学金を申請する予定ではいますが、JASSOから貸与型奨学金を借りることも視野に入れています。できれば、無利子の第一種奨学金がいいですね。80万円も貯金ないですし」

給付までのハードルが高いという面はありつつも、貸与型奨学金と違って返済義務がない給付型奨学金は、将来への不安も少なくなり、学業に打ち込めるようだ。話を聞いている筆者としても、非常に気持ちがいい。

花田さん自身も給付型奨学金に対しては、感謝の気持ちしかないようだ。

「実家がとんでもなく貧乏というわけでもないのに、これだけ支援してもらえたのは本当にありがたいですね。大学には優秀な人もいれば、変な人もいるし、尖った人もいる。ゼミにも一緒にロースクールを目指す友人たちがいますし、寮にも尊敬できる人が多くいます。そういう人たちと切磋琢磨しながら勉強できる環境は本当によかったですね」

それでも、奨学金制度については思うところもあると言う。花田さんがもし、高校時代の自分に言えたら、こんなことを伝えたいそうだ。

「当時は部活動や受験勉強で忙しい生活を送っていたし、そもそも大学に受かるかもわかりませんでした。だから、高校生の頃から大学に入ってからの奨学金のことを考えるのが難しいのも理解できます。でも、その一方で、当時の自分は『奨学金は大学から借りるもの』と思い込むほど知識がなく、また、給付型奨学金の存在も知らなかったので、『高校生のうちから奨学金について調べておくべきだ』と言いたいですね」

実際問題、高校時代から奨学金や授業料免除に関する知識があると、数十万円レベルで出ていくお金が変わってくる。

「私が通っていた高校は富裕層の多い地域の進学校だったため、高校で奨学金の説明会や紹介がほとんどなかったんですよね。大学1年生のときから給付型奨学金を受けるためには、高校3年生の時点で申し込んでおかないと受けられないものも一定数あることを、大学に入ってから知りました。高校在学中、そして大学進学後の奨学金制度について、高校はもっと案内してくれてもよかったと思います」

JASSOの給付型も条件はなかなか厳しい

ちなみに、2017年からJASSOも本格的に給付型奨学金を創設し、低所得世帯への支援が手厚くなっている。ただ、「あなたと生計維持者の市町村民税所得割が非課税であること」（第1区分の場合）など3つの要件が存在している。JASSOにも彼らなりの理念や都合があるので、もちろん否定はしないし、これはむしろ歓迎したい動きだが、現状の要件では、共働き家庭などは割と難しいのも事実である。

そういった意味で、花田さんは信用金庫と財団という、地域や民間企業の「共助」に応援してもらえた。

「貸与型奨学金を借りた人と比較するのは的外れなのかもしれませんが、それでもやっぱり、借りたお金を返す必要がないというのは、経済的な面で余計な負担を感じることが本当にないんです。だからこそ、社会人になった暁には、何かしらの形で奨学金を給付してくれた企業や財団に少しでもお返しできたらなと思っています。このような思いが、企業や財団の人たちに伝わっていったら、もっと給付型奨学金も充実していくのかなと思いますね」

もちろん、彼自身が優秀なのも、給付型奨学金をもらえた大きな要因だろう。

それでも、「自分は恵まれすぎている」「だからこそ、社会人になったら社会に恩返しをしていきたい」と、朗らかに語る花田さんを見ていると、人に投資することがいかに健全で、意味のあることなのかを教えてくれるかのようだった。

花田さんの取材を終えて

「奨学金、借りたら人生こうなった」というタイトル通り、本書および本書のベースとなった『東洋経済オンライン』の連載は、基本的には奨学金を「借り」、そして現在「返済中」もしくは「返済済み」の者たちの体験談を集めたものだ。

そんな中、給付型奨学金をもらっているという、花田さんから取材の応募があった。初めての現役大学生の取材、さらには貸与型ではなく給付型の奨学金をもらっているという人物だったので、非常に新鮮な話を聞けたと思っている。

ところで、筆者はたまたま白羽の矢を立てられて、今に至るまで奨学金返済当事者の取材を続けているが、もともと奨学金に詳しかったわけではない。むしろ、奨学金制度というものは非常に複雑で、全体像を把握している者など日本中を見渡しても、数えるほどしかいないだろう。

花田さんは今も、大学院進学に向けて積極的に企業や財団の給付型奨学金に関する情報を日夜検索している。しかし、特に貧困家庭（ここでいう貧困とは、住民税非課税世帯などを指す）出身ではない彼にとって、条件の合った給付型奨学金を探し当てることはなかなか難しいようだ。

給付型奨学金制度の充実は今後の課題ではあるものの、それが拡大していない理由は何なのか？　この辺りについての詳しい事情は、190ページから始まる、奨学金に関するプロフェッショナル同士の対談を読んでほしい。奨学金という存在が、いかに現代日本の問題点と密接に絡み合っていることか理解できるだろう。

第2章

奨学金を「500万円以上」借りた人たち

CASE 8

「奨学金550万円」を借りた35歳女性のケース

理系人材の重要性が声高に叫ばれる昨今だが、奨学金返済当事者に取材を続けていると、当然ながら、理系の大学院出身者と話すことがある。

山田愛美さん（仮名・35歳）もそのひとりだが、経歴はなかなか珍しい。いわゆるFランク大学から、東京大学の大学院に進学した過去を持っているのだ。

「もともと芸能人になることが夢で、10代は事務所に所属して芸能活動をしていました。でも、なかなか芽が出なくて、前々からリミットと考えていた20歳で芸能の道は諦めたんです」

特に勉強が好きだったわけではなく、また芸能活動もあったため、大学を選んだ理由も「とりあえず受かりそうな大学に」というもの。

だが、最愛の祖父が難病になったことで、彼女の運命は大きく変わることになる。

最愛の祖父が難病に。研究者育成のため、大学教員を志す

「脊髄小脳変性症という病気でした。通常、この病気は10年程度の時間をかけて進行していくものなのですが、祖父の場合は1か月のうちにどんどん悪化し、トイレもひとりで行

けなくなってしまったんです。初孫だったこともあり、私はきょうだいの中でも、特に祖父にかわいがってもらっていたので、何もできないことが本当に悔しくて……。そこから、祖父の病気を治したいと思うようになったのですが、私がいたのは工学部。『今から医学部には入れないだろうし、かといって看護師になるのもどうなんだろう』と思っていたんですよね。そうしていろいろと模索している間に、『再生医工学』という医療分野があることを知ったんです」

再生医工学とは、細胞を使って、重度に損傷した生体組織や臓器を再生あるいは再構築する工学・生物学・医学の学際的な研究分野のこと。ノーベル賞を受賞した京都大学iPS細胞研究所名誉所長・教授の山中伸弥氏の「再生医療」に近い分野だが、山田さんがこの分野を知ったのは、まだ山中氏がノーベル賞を受賞する前のことだった。

「そこから、ES細胞や再生医療に可能性を見いだしたのですが、それでも『現実的に、自分には難しいのではないか』という気持ちがありました。治療が難しいからこその指定難病であり、私のような凡人がいくら頑張っても、祖父の病気は治せないのは明らかだったんです。でも、ほかの人には私のような思いをしてほしくない……。その結果、『私は教える側になろう。毎年何人か再生医療の研究に携わる学生が増えていけば、私が将来おばあちゃんになる頃には、この病気の治療法も確立されて、私と同じような思いをする人がいなくなるはずだ』と考えるようになったんです」

こうして、20歳にして大学院進学を決意した山田さん。大学の学費は親に出してもらっていたが、折り悪くその頃、父親も病気で働けなくなっており、大学院の学費を出してもらうことはできなかった。

大学の教授の一言で、東大の大学院を志望することに

そこで、浮かんだのが奨学金という選択肢だ。

「私立大学の大学院は、入学金を含めると修士課程2年間の在籍でも300万円近くになります。大学の教員を目指す私の場合、3年間の博士課程も必須であり、5年間で総額750万円近くになる計算でした。さすがにちょっと無理だなと思ってしまったので、私が進みたい分野を専門としている教授に相談したら『じゃあ、東大を受けなよ。俺の母校なら同じ研究を続けられるから』と軽く言われてしまって。私がいた大学の工学部は当時、偏差値がかなり低い、いわゆるFランクだったので『そんなの無理ですよ』と言ったのですが、先生は『いや、君なら受かる！』と言ってくれて。そこから、東大の大学院を志望することになりました」

まさに下克上受験だが、大学院進学に向けては勉強を頑張るだけではなく、生活費も稼

がなくてはならない。結果、山田さんは宅配便の仕分け、パチンコ店のホールスタッフ、塾講師のアルバイトを掛け持ちするようになった。

「大学の実験が終わり次第急いで帰宅し、30分以内に夕飯を食べてシャワーを浴びて、次の日の講義の荷物を持って、宅配便の夜勤に行くという生活です。そこで24時から6時まで働いたらそのまま学校に直行し、教室で寝ていました。家に帰ったら絶対寝てしまうけど、大学の教室なら9時頃から講義が始まるので、自然と起きられるんですよ。そして、そのまま寝ぼけ眼で講義を受けていました。こういうサイクルの日が週に2回あって、あとはパチンコ店が週2回に塾講師が週2回。大学3年生になると院試対策のために塾に通う必要もあるので、アルバイトは塾講師1本に絞りました。当時はもう親の扶養は気にしてなくて、長期休暇の講習などで月50万円近く稼いだこともありました。その代わり、8時半から23時まで授業はパンパンです」

東大大学院に見事合格も、安心はできなかった理由

勉強とアルバイト漬けの毎日を送っていた山田さんは、その努力の甲斐もあって、4年生の夏に東京大学の大学院に合格。通っていた私立大学では例を見ない快挙であった。

「前代未聞の〝学歴ロンダリング〟ですよね（笑）」と笑い交じりで話す山田さんだが、大

学院入学のタイミングで奨学金を、JASSOから借りることになる。

「月額、第一種奨学金を8万8000円、第二種奨学金を12万円借りました。どちらも修士課程における満額です。また、入学時特別増額貸与奨学金の50万円も借りて、合計で約550万円になりました。奨学金は金利が低いので、『借りられるものは全部借りてしまおう』と思っていたんですね。もし、結果的に借りすぎになったとしても、無駄遣いせずに貯金し、返済が始まる前に返せるだけ返せば、利子もほとんどつきません。『持っていて損はない。利子がついてもいいと思った分だけ使うことにしよう。心の安心を取ろう』……そんなふうに思っていました」

額面だけを見ると、働かずとも毎月21万円近く振り込まれるため、将来にツケを回して奨学金で余裕のある生活を送ることもできただろうが、山田さんは極めてストイックな日々を送った。

「修士の2年間は、学部時代に貯めた450万円を取り崩していく生活でした。留年しては元も子もないので、大学院では勉学に専念することに決めていたんです。ロンダリングしたこともあって勉強についていけるかプレッシャーもありましたし、『母校の期待を裏切れない』という、変なプライドもあったと思います。月に20万円の奨学金の半分は学費用に貯金したかったので、その残りで生活しなければいけません。当時住んでいたのは築

50年以上の木造アパートで家賃は4万9000円。幸いにもお米は祖父母が送ってくれていたのですが、食事はもやしとキャベツの毎日、あとは見切り品のオンパレードでした」

「相当に狭き門」なDC1に採用される

絵に描いたような苦学生生活を送った山田さんだが、修士課程を終える頃には博士課程学生向けの日本学術振興会（通称、学振）のDC1に無事採用される。いわゆる特別研究員制度である。

この結果、山田さんは特別研究員という身分と研究費、それに毎月20万円もの研究奨励金を得られるようになったが、彼女によると、これは相当に狭き門なのだという。

「DC1を取るためには、修士課程の1年冬までに相当な研究成果を積み上げなくてはいけません。申請がその時期だからですが、私にとってはかなり大変な時期でした。学部生時代からひとつの研究を続けてきた人と、大学院に入って半年の私では、大きな差が生まれていたからです」

アカデミズムの世界に詳しくない人にしてみれば、月に20万円をもらえるとはいえ、DC1がそんなに重要なのか正直よくわからないかもしれない。しかし、DC1に採用されるか否かでは、その後の研究生活にも大きな差が出てくるのだという。

「DC1に採用されるのは限られた人だけで、もはや『研究者として成功するかしないかが決まってしまう』ような代物です。というのも、DC1に採用されれば、研究奨励金のほかに、毎年最大で150万円の研究費がもらえるからです。研究にはお金がかかります。例えば、海外の学会に参加したくても、3泊5日でヨーロッパに行くのに宿泊・交通費だけでも50万円がかかったりする。でも、参加しないと業績は積めません。そういう意味でも、DC1の存在は非常に大事なものなのです」

大学時代、交通事故に遭ったが、保険金は使わず貯金

さて、こうして安定した研究生活を送れるようになった山田さんだったが、他方で、学部生の時に貯めた450万円とは別に、1200万円の貯金が大学院入学時にはあったという。一体どういうことか？

「大学4年生のときに、顔に傷が残るほどの事故に遭ってしまったんです。その日、私はバイクに乗っていたのですが、右折してきた車に思いっきり撥ねられたんですね。救急隊員の方に名前を確認されたのまでは覚えているのですが、目が覚めると病院のベッドの上で、体じゅう傷だらけでした」

幸いにも一命を取り留めたわけだが、身体に残った傷が、保険金に変わった。

「幸いにも大きな後遺症はなかったのですが、顔にできた傷に対して、1200万円もの保険金がおりたんです。後遺症にはランクづけした等級表というものがあるのですが、『女性で、未婚で、大学4年生だけど稼いでいる』という要素も影響したようで、『片目喪失』レベルのランクがついたんです」

つまり、奨学金を借りなくても、大学院生活を送れるぐらいのお金をゲットしていた……ということになりそうだが、「打ちどころが悪ければ亡くなっていたそうです」とのことなので、ラッキーとは言い難いだろう。

また、彼女によると「『これは神様が私にくれたお金だ』と思ったので、第二種奨学金を一括返還したときと、親に400万円ほど貸したとき以外は使わずに、今でも残しています」とのことで、ストイックさがよくわかる。

そんな事故もありつつ、5年間の院生生活ののち、大学院を無事に修了。首席になったことで第一種奨学金は返済免除となり、第二種奨学金も、一括返済したという。

「当時は『首席になった』ことよりも、『首席になったことで、奨学金が全額免除確実になった』喜びのほうが大きかったですよね。だって、200万円以上の学費と入学金がチャラになったということですから」

教員として今、学生に思うのは「奨学金を借りることへの考えの甘さ」

祖父が病気になってから十数年が経った今、山田さんは20歳のときに目標としたように、最先端の技術を教える大学で教鞭を執っている。奨学金を借りて大学院に進んだことで、今のポジションに到達したわけだが、一方で東大大学院に進んだ背景から、思うことはいろいろとあるようだ。

「どの世界にも学閥や派閥はあります。東大の研究室にいた頃、周囲の学生は東大や早慶、津田塾やお茶の水の出身者がほとんどで、私が出身大学を言うと笑われることもありました。だから、研究室の居心地は良くなかったですね。また、就活の状況も大きく異なることも知りました。当時はリーマンショックの頃で、私の出身大学では学業面よりも就活面のサポートが行われるなどなかなか大変だったようなのですが、一方で東大は研究室に企業の人がやって来ていて。しかも、私たち学生に頭を下げるんですよ……。『学歴ひとつでこんなに状況が変わるのか』と思いましたね」

だからこそ、大学院選びと奨学金を借りることについては、しっかり検討したほうがいいと、自身の教え子たちには伝えているという。

「今の時代、お金で苦労している学生が本当に多いです。でも、バイトのせいで単位を落として留年してしまっては意味がないですし、かといって、奨学金をたくさん借りて借金漬けで社会に出るのも大変でしょう。だからこそ、教え子が大学院に行きたいと言ったときは、お金のことをしっかり考えるように言いますし、経済状況によっては国立の大学院を目指すように伝えますし、進学後も学生の本分である勉強を頑張ってほしいと話します。そこで結果を出せば、私のように第一種奨学金が返済免除になる可能性があります。JASSOも説明している通りで、学業に限らず、芸術やスポーツやボランティアでも対象となりますからね」

奨学金の貸与額が増えると、どうしても「将来の返済が……」と不安になるもの。しかし、だからといって闇雲にバイトを入れていては本末転倒だと、自身の経験も踏まえて山田さんは指摘する。

「物事を深く考えないまま、なんとなく大学を選んで、なんとなく奨学金を借りて、なんとなく大学に通っていると、将来の返済が不安になって、学業に打ち込むべき期間にバイトに勤しんでしまうんです。バイトもいい社会人経験が得られるとは思いますが、ほどほどにして、『何のためにバイトをしているのか』を見失わないでほしいと切に思います。貴重な学生時代は短いですから」

ただ、実際に学生たちと接していると、モヤモヤを感じることもあるようだ。

「教員として学生と接していると、今の学生は、借金している自覚に乏しい子が増えていると感じます。奨学金は支払いを先延ばしにしてもらうシステムなので、そもそも借りる時点で、計画的であることが前提のはずですが、どう返していくかまでは深く考えていない。バイトする時間を減らして勉強の時間を捻出したり、学業に専念できない不安を解消するために利用したはずなのに、借金まみれになっていることに不満や不平を言うんです」

「好きなことなら貧乏でも頑張れる」からこそ、深く考えることが大事

最近の学生に思うことはいろいろとあるようだが、しかし、それでも奨学金を借りることを全否定するつもりはないようだ。

「私としては『やりたいことだから』と腹を括って大学に進んだのであれば、いくら奨学金を借りたとしても、最終的には納得して返せると思うんです。今、学生たちのサポートをしていて思うのは、彼らの『好きなことへの情熱』です。本当に好きなこと、やりたいことだったら、どんなに逆境があろうが、周りに低く見られようが、やり通せると私は思うのです」

なんとなく大学を選んだものの、その後は明確なビジョンを持って大学院に進学し、奨

学金を借りて、自分の夢を叶えた山田さん。その言葉の重みは、これまで彼女が体験したリアルがあるからこそ、深く胸に響いてくると言えそうだ。

山田さんの取材を終えて

さまざまな人物に話を聞いてきたが、Ｆランク大学から東大の大学院進学という「超絶学歴ロンダリング」を達成した努力家である山田さんには、エピソードが山のようにあり、一つひとつ深く掘り下げなくとも、いつもより取材時間は長くなってしまった。

ただ、彼女の場合も「難病患者を救いたい」という、崇高な思いから、奨学金を借りて大学院に進んだわけだが、例に漏れず学部時代はアルバイト三昧だ。本文では割愛しているが、ＤＣ１の申請が通るまでは、かなり困窮していたらしく、貧困学生エピソードは枚挙にいとまがないほどだった。

だからこそ、山田さんは過去を振り返って「バイトはほどほどに」と後輩たちには伝えている。とはいえ、繰り返しになるが、山田さんはＦラン大から東大大学院に進学したという、相当な努力家であり、才能の持ち主なので、果たして後輩たちもどこまで真に受けていいのか迷ってしまうに違いない。

実際、「彼女だからこそ」達成できたという面もあるだろう、と筆者は感じた。スゴい人を見習うべき姿勢は大事だが、一方で借りるリスクもきちんと認識し、「自分なら大丈夫」と過信せず、堅実に大学生活を送ることも重要だろう。

しかし、それでも間違いなく言えるのは、山田さんが現在後進の研究者たちを育成する毎日を送れているのは、彼女の途方もない努力の日々のおかげだということだ。そして、その毎日は努力や才能だけではなく、奨学金という「お金」がないと、達成することはできなかっただろう。

CASE 9 「奨学金570万円」を借りた34歳男性のケース

ネットを見ていると、「大事なのは学歴じゃない」「だから、大学なんて行く必要はない」という意見を見かけることがある。

もちろん大卒じゃなくても社会的に成功し、人並み以上の生活を送っている人も世の中には少なからずいるが、特別な才能がない限り、令和の今でも「偏差値の高い大学を出て、優良企業に就職する」という生き方は、多くの人にとってとっつきやすいだろう。

そして、貧困家庭にたまたま生まれた子どもにとっては、奨学金という存在は大きく人生を好転させてくれる可能性がある。

「自分の体験談は、地方の貧困家庭出身者の励みになると思います」

そんなふうに語るのは、木村裕介さん（仮名・34歳）。Ｚｏｏｍでの取材が始まると、屈託のない笑顔と通る声の持ち主で、若手落語家のような印象を受けた。

しかし、その半生はなかなかに苛烈で、本人も認めるように「ギャンブルのよう」でもあった。

貧困DV家庭に生まれ、バイトして高校に通った

木村さんが奨学金を借りることになった理由は、父親のＤＶと、それに伴う両親の離婚だった。

「父親は自分を含む、家族全員にＤＶをしていました。母が食事を作ってないことに父が腹を立てて、母の髪をつかんで思いっきり壁にガンガンぶつけて、そのまま床に頭を叩きつける……。そんな光景を今でも覚えています。僕たち兄弟は全員なすすべもなく、それを泣きながら見ていました。そして母はその後も、殴る蹴るの暴行を受けて……」

また、肉体的なＤＶの他に、経済的なＤＶもあったようだ。

「父は一応仕事はしていたものの、いつも夜遊びしている飲んだくれで、遅刻を繰り返し

ていたり、お客さんとの約束の時間に現れないことも多々ありました。そして、それらをすべて、一緒に働いていた母がカバーしていたんです。しかし、給料はすべて父のもとに入っていたらしく、母は一切もらえていなかったようです」

木村さんは4人兄弟の長男だ。母は年の離れた弟たちの子育てもあって、正社員にはなっていなかった。そのため、木村さんは高校生になると、通っていた公立高校の授業料を自身のアルバイト代から捻出するようになったという。

「僕が住んでいた県では当時、公立高校の授業料はひと月に1万5000円あれば足りたんです。それと教科書代と交通費。教科書代は年に1回、1万～2万円程度用意しておけばよく、交通費も半年で3万円くらいでした。バイト代は月々7万～8万円ぐらいですね。1～2年生の頃は大晦日もバイトしていました」

そんなバイト漬けの木村さんが、本格的に勉強を始めたのは2年生の終わりから。1年生の頃から大学進学は決意していたが、進学校出身ではない。むしろ、母校の偏差値は40台だったという。

「あるとき、全国模試を受けたら、物理の全国偏差値が37だったのに、うちの学校の生徒の中での偏差値は73だったことがあって。その結果を見て、『このままじゃ自分の人生はダメになる。いい大学に行きたい！』と思うようになり、勉強熱に火がつきました」

高校の推薦入試で受けられる学校の中で、一番難易度の高い大学が日本大学だったこともあり、「絶対、日大よりも上に行く！　できれば、ＭＡＲＣＨ以上！」と決意した木村さん。センター試験で失敗したことで第一志望の国立大学には振られてしまうが、予備校などに通うこともなく、最終的に某有名私大に現役合格を果たした。

「国立には落ちましたけど、受験したＭＡＲＣＨなどの大学はほぼすべて合格。高校ではスーパースターのような扱いで、母も喜んでくれましたね」

授業料の高い私大の理系学部。奨学金は必須だった

高校ではスーパースターになった木村さんだが、肝心の授業料を、誰かが自分の代わりに出してくれるわけではない。自宅から通学できる大学を選んだこともあり、家賃など一人暮らしの費用がかかることこそなかったが、それでも合格後すぐに入学金30万円が必要になり、理系ということもあって、授業料も毎年１２０万円かかった。

そして、木村さんはＪＡＳＳＯから第一種奨学金を借りることを決意。毎月５万円振り込まれるようになったが、生活に余裕はなかったという。

「年間１２０万円の授業料なので、ひと月あたり10万円はかかる計算ですよね。そうなると、奨学金が毎月５万円入ってきても、『毎月マイナス５万円からのスタート』でした。

正直、今なら『もっと借りておけばよかった』って思いますけど、数百万円なんて高校生にしたら大金じゃないですか。怖さしかないけど、当時は『やっぱり5万円じゃ、足りないよ～』という気持ちでした」

結果、高校時代と変わらずバイト漬けの生活が始まったが、それでも、木村さんは学生生活を満喫していたという。

「ファストフード店を皮切りに、塾講師、イベントの設営、家庭教師など、バイトはいろいろやっていました。18歳になると深夜バイトができるようになったのがうれしかったですね。時給が25％上がるので（笑）。それでも、『大学に入るためにあれだけ頑張ったんだから、少しは遊びたい』という思いもあって、楽しい学生生活を送ろうと心がけていました。できる限り授業には真面目に出つつ、サークル活動を積極的にしたり、友達と旅行をしたり、徹夜で麻雀して1限を逃したり。ちゃんと、やりたかったことはやった感じですね」

大学生らしい生活をしつつも、決して散財していたわけではなかったが、実験などもあってなにかと忙しい理系の身では、バイトだけで授業料を稼ぎ続けるのは困難だった。悩んだ結果、木村さんは追加で第二種奨学金も借りた。

そして、3年生になってからは、就職と大学院への進学で悩むことになる。ここでも気になるのは学費であった。

「僕の人生の中で1番目の大きな決断が大学受験なら、2番目は大学院への進学。家庭の状況を考えると『少しでも働いて、稼がなくてはいけない』という気持ちもありましたけど、当時は『もう一段上の勉強をして、もっと高い教育を受けたい』と思ったんです。大学院でかかるお金を調べていると、内部進学なら30万円の入学金免除があることを知りました。そうして、『ここまで来たら進学しよう！　就職してちゃんと返そう！』と決心したという感じです。弟たちはとっくに働き始めていたので、『まだ勉強するの!?』という反応でしたね」

大学院への進学に際し、木村さんはさらに奨学金を借りた。どんな返済生活になるかまったく予想できない中、修士課程を修了し、社会人になる頃には、奨学金は合計で約570万円に達していた。

大企業への就職に成功し、「返済を大変と感じたことはない」

だが、この選択が木村さんの人生をより好転させた。大学、大学院で学んだ知識を活かして、誰もが名前を知るような大企業に就職することができたのだ。

「返済は毎月2万8000円を20年。それでも、新卒1年目から大変と感じたことはないです。仕事を早く覚えたかったのもあり、若い頃は毎月50〜60時間くらい、ときには100時間以上残業していたんです。僕が就職した当時は、今よりも残業への規制が緩かったんですよね。また、新卒3年目まで会社の寮に住めたことも影響しました。1年目からしっかりボーナスがもらえる会社だったのもよかったです。もっとも、『これなら余裕で返せるな』と思ってからは、財形貯蓄と並行して、投資を始めたので、口座に残高はあまりありませんでしたけど」

リスクを取ることを恐れない、ギャンブラー気質な木村さんだが、奨学金の返済がありながら、投資をしていくことに不安は覚えなかったのだろうか？

「むしろ逆ですね。今は『もっと投資しておけばよかった』と思っているほどです。財形貯蓄は給料から月々5万円天引きされるようにしていたんですが、利子はほとんどつきません。今なら、『迷わず全部、S&P500に投資しておけばよかった』と思います。高校生には理解しづらいとは思うのですが、第二種奨学金ってすごく利率が低いんです。多くの人が年2％以下です。一括返済するよりも、S&P500に投資しつつ15年とか20年かけて返済したほうが、複利の恩恵で、高い確率で儲けが出る。と言っても、僕もその計算ができなくて、第二種奨学金を一括返済してしまった側なんですけどね（笑）」

人生における重要な決断ポイントで、間違えてこなかった

攻めの姿勢は社会人でも続いた。新卒で入社した会社で8年弱勤めたのち、「英語を使った仕事をしたい」との思いから、外資系企業に転職したのだ。

「当時、僕のＴＯＥＩＣのスコアは７００点台とそこまで高くありませんでした。だから、英語を使った仕事をしたいと上司に伝えても、『ほかにもっと適した人がいるし……』と言われたんです。当然っちゃ当然だけど、それでも僕は英語を使った仕事がしたかった。そこで転職活動をすることにして、いろんな会社を受ける中で、僕のことを買ってくれる人に出会い、無事、満足のいく転職をすることができました」

人生を通じて、常にリスクを取ってきた印象の木村さん。予備校に一切通わずに大学受験を成功させたことなどを聞くと、さぞかし優秀で、能力の高い人なんだろう……と思う読者もいるかもしれない。

しかし、木村さん自身は、自分のことをこう分析する。

「むしろ僕の能力値は平均か、もしくは平均以下だと思っています。でも、振り返ってみると、『自分の人生の中で、重要なポイント』は外さなかった気がしています。例えば、高校生のときは大学進学を決意して必死で受験勉強したし、大学院に行くと決めたときに

は躊躇せずに奨学金を追加で借りました。転職のときも、『どうすれば、今の職場の経験を活かしつつ、自分のやりたい仕事ができるようになるか？』を考えて、調べて、試行錯誤してみたりしました。そうやって、然るべきときに、然るべきポイントを外さずに注意を向けることによって、うまくやってこられたのかもしれません」

奨学金で大学に進学し、自分で返済したことが「自信」に

さらに、木村さんはこう続ける。

「奨学金を借りて、かつ返せているという事実は、僕の中で大きな自信になっています。大学に行ったのも自分の意思ですし、周りの人に助けてもらいながらではあるけど、自分のお金で行ったことも自信につながっている。だから、今の奨学金制度を作ってくれた、日本という国に感謝をしています。なにかと批判されがちな奨学金制度だけど、僕みたいな人間もいることを、高校生には知ってほしい。もちろん、途中でケガや病気などで働けなくなる事情は誰にでも起こり得るということを考えると、奨学金を借りることそのものにネガティブな印象を持つ人が多いことも理解できます。だから、一概に良し悪しを言うことは難しいんですけどね」

真っすぐな目で、そう語る木村さん。貧困ＤＶ家庭の生まれでありながら、人生を好転

させてくれるきっかけとなった奨学金のシステムに、深く感謝しているようだ。

しかし、その一方で、「奨学金の本来あるべき形」として理想とされる、返済不要の「給付型」を増やすことには疑問があるという。

「実は大学院のときに、企業から56万円×2年間、合計100万円強の給付型奨学金をもらったことがあります。一定の収入以下の大学院生1名の枠に、僕を含めて3名の該当者がいたのですが、その中から僕が選ばれました。なぜ、僕だったのか？　気になったので教授に聞いてみたところ、最終的に『学部のときの成績が一番上だったから』ということで、選ばれたそうです。成績がいい人が選ばれるというのは、一見公平のように思えますが、突き詰めると『勉強がしやすい環境にいる人が有利』ということになると思うんです。例えば、世帯年収400万円の家庭と1000万円の家庭では、生活にまだ余裕のある前者の家の子のほうが有利になりますよね。後者の家庭の子は生きていくことで精いっぱいで、勉強は二の次にならざるを得ない。そういう現実もあることを考えると、とにかく給付型を増やすことが必ずしもいいことだとは、僕には思えないんです。むしろ、全員に機会があるという意味では、貸与型のほうが公平である面もあると思います」

ときに暗く、重い話をする際も、常に木村さんは明るい口調だった。そんな人柄が幸運を引き寄せてきたのだろうが、「自分は返せたから他の人も返せるはず」という、ある種の生存者バイアスに支配されることなく、客観性を保ちながら、かつての自身のような貧困家庭に生きる子どもたちのことを考えている印象だ。

どれほどの人が彼ほど力強く、攻めの姿勢を貫きながら、なおかつ周囲への配慮も持って生きられるかはわからないが、貧困家庭で暮らす高校生は、彼の体験談を参考にしてみてほしい。

木村さんの取材を終えて

「まえがき」でも書いた通りだが、これまでの奨学金に関する報道は極端に悲劇的な事例が取り上げられがちだった。だからこそ、「奨学金を通してさまざまなライフストーリーを描く」「その結果、高校生に役立つリアルな事例を伝える」ことを重視した連載が大いに受け入れられたわけだが、特に本書収録の（1）、（4）、（12）の3名の記事は、素性の知れないライターの記事としては過大なほどに読まれた。

そんなタイミングで取材したのが木村さんである。これまでの3名はどちらかというと、落ち着いて淡々とした口調で話してくれたのだが、彼の場合は難関大学への合格を昨日のことかのように語り、奨学金返済や一家を養うこと、そして奨学金を借りた「誇り」を力強く語られたので、改めて身を引き締める思いとなった。

だからこそ、彼ほどのリスクを背負わないと、「貧困家庭」から人生を好転させることはできないのか、ということも再認識させられた。

また、記事の後半で語っていた「給付型奨学金」の判断基準に関する証言は、これからの奨学金制度を考える上で、重要なメルクマールになったとも言えよう。給付型は給付型で、問題点を孕んでいるということを思い知った。

CASE 10 「奨学金570万円」を借りた29歳男性のケース

奨学金をいくら借りるのがいいのかは、これだという結論を示すのが難しい。国公立大学か私立大学か、実家から通うか一人暮らしかなど、さまざまな条件によって変わるからだ。

しかし、返済をしている社会人に話を聞いていると、とある傾向が見えてくる。抱えている奨学金の金額が500万円を超えると、周囲の反応も変わってくるということだ。

端的に言えば、「そんなに借金を抱えて、きっと大変なんだろうな」と思われる、ということである。

「奨学金を借りていると話すと、周りからは気を遣われることが多いんです。でも僕の経験は、奨学金を借りようか悩んでいる高校生の参考になると思います」

そう語るのは、恩田一朗さん（仮名・29歳）。都内にて映像関係の仕事をする男性で、関西圏にある芸術大学を卒業している。借りた奨学金の総額は約570万円だ。

彼の人生は、一言で言うと「過酷」になるだろう。しかし、人生を切り開くために彼がしてきた努力からは、学べるところは多くあるに違いない。

実母が病気で他界。ショックから父が新興宗教にのめり込む

恩田さんは4人きょうだいの長男だ。本書には「3人以上のきょうだいがいる人」が多く登場するが、家庭の事情はほかの人より複雑である。

「僕が15歳の頃に、母が病気で他界したんです。父は相当引きずってしまったようで、その後、『魂と会話ができる』とうたう新興宗教にハマってしまいました。そして、その教団から『この人と結婚しなさい』と信者の女性を紹介されて、再婚することに。だから、先ほど『4人きょうだい』と説明しましたが、5つ下の妹は継母の連れ子で、一回り離れた弟は、父と継母の間に生まれた腹違いの弟なんです」

父はもともとそれなりの会社に勤めていた。だが、再婚も影響したのか、引っ越しを機

に家を購入。もともと持っていた家は手放さず、二重でローンを支払うようになった。その結果、家計は逼迫していった。

のちの奨学金につながるエピソードだが、一方で、継母との関係性も悪化の一途をたどったという。

「継母は『弟には食事を与えないように』といった神のお告げ的なものをたびたび受け取っていて、本当に弟に食事を与えなかったりしたんですね。僕はもともと『教団に言われて再婚するのはおかしい』と思っていたし、当時、思春期だったのもあって、継母とのケンカが絶えませんでした。高3になり、受験勉強にも支障をきたすようになってきたため、亡くなった実母の祖父母の家に逃げたんです」

恩田さんが通っていた高校は、県の公立高校の中では2番目に位置する進学校だった。東京大学や京都大学に進む生徒もいるほか、関西や東京の有名私立に進学する者が大半。そんな中、恩田さんが進学を希望したのは芸術大学だった。

「幼稚園の頃にとある特撮系の作品を見て、『かっこいいな』と思ったんですよ。そこから映画やミュージックビデオといった映像作品に触れていって、中高生になる頃には『こういう仕事に就きたいな』と思うようになりました。ただ、僕が住んでいた田舎のほうだと、『映像の仕事』というのが、どういうものなのか伝わらないんですよね。だから、『映像の仕事をするために芸術大学に進学したい』と父に言っても前向きに捉えられませんでした」

もともと家計が逼迫していたこと、継母との関係が悪化していたこと、芸術系の仕事への理解がなかったこと。これらが重なり、奨学金を借りるという選択につながるわけである。

ただ、恩田さんは志望校への受験に失敗。同時に受けた一般大学は合格したが、「この大学のために奨学金を借りるのは……」と迷った末に、1年間の浪人生活を選んだ。浪人中は新聞配達のバイトをしつつ、受験料やその後の学費のために60万円を貯めて、翌年無事に志望校に合格したという。

芸大はなにかとお金のかかる場所で、バイト漬けでもカツカツな日々

1年浪人して入った芸術大学。ＯＢにはそうそうたるビッグネームが並ぶが、将来の保証があるわけではなく、また学費も4年間で約600万円と高額だった。奨学金だけでは賄えず、また親からは理解も援助もない。

芸大の特性上、出ていくお金も多かった。授業そのものは出席しなくても単位の取れるものが多かったが、自分のスキルやセンスを磨くには研鑽が必要だったからだ。

「バイトだけの生活に焦りが募って、友達と自主制作の映画を撮るようになりました。制作費は当然、自己負担です。せっかく入ったバイト代の10万円が小道具代に、右から左へ消えていくこともザラでしたが、当時は『ここからなんとか名を上げるしかない』という気持ちでしたね。大学の頃はいろんなバイトをしました。居酒屋やカラオケとか、本当にいろいろです。でも、生活はキツキツでした。3年になってから見つけた、たばこのサンプリングのバイトは比較的割のいいバイトでしたけど」

やがて3年生になった恩田さんは、就職に際し、上京を考えるようになった。

「もともと会社員になることに興味はなかったんですが、高校生のときから世話になっていた祖父母を安心させるために就職することにしました。映像業界は、今も東京が中心です。芸大は就職率が良くない傾向があるのですが、数少ない就職組の先輩たちに話を聞いていると、自分も『やはり東京に行くしかない』と思うようになりました。それ以来、夜行バスで面接に通って、毎回いいところまでは進むのですが、いつも結果はキャンセル待ちの『次点』止まり。面接のたびに夜行バスの代金が３０００円から４０００円かかるのは、地味に痛かったですね」

そんな就活の末、映像広告を制作するベンチャー企業への内定が決まった。卒業制作もあって一文なしになってしまった彼に、内定先が「インターンで来てくれたら給料出すよ」との言葉をかけ、4年生の1月から働き始めることになったのだ。

「東京で住むためのアパートを一室借りて、週1回ある出席必須の講義のために、関西に帰るという生活でした。その間、夜行バスの移動で家具を少しずつ運んで引っ越しました」

もちろん冷蔵庫や布団を運んだわけではないものの、それでも金欠ぶりがよくわかるエピソードである。

入った先はブラック企業。激務の中、副業が人生を変える

しかし、入社した先はブラック企業だった。

「東京での仕事は始発から終電まで働くのがデフォルトで、繁忙期は土日も出勤。徹夜や会社に寝泊まりするのは当たり前で、毎月退職者がいました。社会人1年目は本当に仕事しているか寝てるかで、東京らしい思い出は一切ありません」

絵に描いたような、疲弊する映像制作の現場。常に人が足らず、終わらない案件を大量に抱え、それなのに給料は安い……。恩田さんも、入社当初の手取りは14万円台だった。

「アパートの家賃が5万円だったのも痛かった。交通費が足りず、内見に時間を割けなかったんです。生活に余裕はありませんでした。多いときはロケ弁を30個持って帰って、1

か月食べつなぐこともありました。毎日同じ味です（笑）」

10月からはそこに奨学金の返済も加わった。その額、毎月約2万5000円である。

「働いていても赤字になるのは目に見えていたので副業を始めました。クラウドソーシングのサイトで、個人で動画編集の案件を受けたんです。毎日の激務の合間を縫って……というか、もはや、当時はほぼ寝ない勢いでやっていましたね」

不眠不休に近い生活を始めて半年が経った頃、恩田さんは会社を辞めて、独立することを決める。

「その生活にも限界がきていたこと、同業者から『さすがにその会社は辞めたほうがいい』と言われたことが要因です。当時は『今いる会社を辞めても、アルバイトで生活できる』という気持ちでした。実際、もらっている手取り金額だと、アルバイトでも稼げましたしね。それで、会社員時代の手取り分よりは月々稼ぐことを目標にして、フリーランスでの映像編集を本格的に始めることにしたんです」

独立した頃はアルバイト生活も覚悟していた恩田さんだったが、売り上げは年に200万円、400万円、600万円、800万円……と順調に増えていった。

その後、法人化し、現在の年商は1200万円。経費として出ていくお金もあるので、すべて自由に使えるわけではないが、それでもかなりの高年収なのは間違いない。

恩田さんによると、背景にあるのは会社を退職する頃に、とある映画賞を受賞したことが、フリーランスでの活躍に大きく貢献してくれているようだ。

「会社を辞める少し前に、先輩から『自主制作の映画を撮ろう！』と誘われ、忙しい合間に制作していたんです。途中で2人ともインフルエンザになり諦めかけたんですけど、『やっぱり、完成させよう！』ともう一度誘って。『あなたの作品が選ばれました』という連絡があったのは、会社を辞めた翌日のことでした。そこからいろいろと変わり始めた気がします。多少は賞金もあったけど、フリーランス的には、受賞したことで仕事が取りやすくなったのは大きかったと思います」

実家の支援を得られず、大学時代からギリギリの生活を続けて努力を重ねてきた彼にとっては、受賞の吉報は、自分の生き方を肯定してくれるものだったに違いない。

奨学金は機関保証で。実家に居場所はない

しかし、恩田さんは現在も冷静さを忘れていない。明日どうなるかわからないフリーランスゆえというものもあるだろうが、彼の場合は「帰るところがない」という気持ちなのも、影響しているようだ。

「僕の場合、奨学金の保証人は親ではなく、機関保証です。時間も経ったし、僕も大人に

なったので、父や継母とも大人の付き合いはできています。だから、例えば親族の結婚式のときには帰省しました。でも、多くの人が帰る盆暮れや、正月に実家に帰るという選択肢は、今でも一切ありません」

社会人にとって通常、実家は最終的な避難場所になるところだ。しかし、恩田さんにはそれがない。

しかし、だからといって、そんな運命を嘆いているかというと、それもまた違う。

「そういう意味では、クリエイティブ系の仕事に就けたのはよかったです。奨学金という借金を抱えていることはマイナスになりがちだと思うけど、それすら芸の肥やしというか。だから、今はもう『やるしかないぞ』という感じですよね。奨学金を借りないと、今の仕事にはたどり着けなかったし、今も返す以外の選択肢はない。だから、家庭のために進学を諦めようとしている人には、僕は『奨学金を借りないともったいない』と伝えたいんです」

奨学金制度に感謝はしているが、「さすがに厳しい」と感じる部分も

恩田さんの話を聞いた筆者が思ったのは、「この人は本当にタフな人だな」ということだった。自分が置かれた状況を嘆かず、冷静に現実を見つめたうえで、具体的な行動を続

ける。祖父母の家に避難したときも、自主映画を撮り続けたときも、副業を始めたときも、その態度は一貫していたと言えるだろう。

しかし、そのようにタフな彼でも、現在の奨学金制度には、一部改善してほしいところもあるようだ。

「奨学金の返済を3か月ぐらい延滞すると、ブラックリスト入りすると聞いたことがあるんです。信用情報に傷がつくとクレジットカードが作れなくなる場合もある。それは嫌なので、社会人1年目は会社の先輩にお金を借りて、延滞を免れたこともありました。奨学金を借りたことは感謝しているけど、さすがにこれは厳しいんじゃないかと思うんです」

JASSOのホームページによると、次のような記載が確認できる。

〝個人信用情報の取り扱いに関する同意書を提出していただいている方のうち、現在奨学金を返還されている方は、延滞3か月以上の場合に個人信用情報機関に個人情報が登録されます〟

〝個人信用情報機関に延滞者として登録されると、その情報を参照した金融機関等がその人を『経済的信用が低い』と判断することがあります。それによって、クレジットカードが発行されなかったり、利用が止められたりすることがあります。また、自動車ローン及

び住宅ローン等の各種ローンが組めなくなる場合があります〟（JASSOのホームページより。いずれも2022年8月現在）

さすがに、すべての人がすぐに個人情報を個人信用情報機関に登録されるわけではないだろうし、同機構には返済猶予のシステムもあるため、返済が厳しい人はまず猶予を申し出るべきだろう。

しかし、追い込まれた状況にいる人が、短期間でそのような手続きをするのが大変なのも、また事実だろう。

奨学金の貸与を検討している高校生の読者がもしいれば、滞納には大きなリスクがあることを十分認識してもらいつつ、返済が厳しくなりそうな場合は、すぐにJASSOに連絡することを約束してほしい。

恩田さんの取材を終えて

恩田さんのエピソードは、力強く、なおかつ現代的な要素を含んだ、普遍的なライフストーリーだと思っている。実際、要素を分解しても、親の新興宗教入信、奨学金、ブラック企業、副業、フリーランス……と、それぞれが大きな、語るに十分すぎるトピックである。

ところで、もともと筆者は学生時代、「人が世間的にアヤシイと思われる新興宗教に、入信するのはなぜか？」というテーマで卒論を執筆しており、その中でいくつかの教団の協力を得て、複数の信者からライフヒストリー調査を行っていた。そのため、インタビューの序盤で恩田さんから新興宗教の話が出てきたときは食いついたし、Web連載時のタイトルにも、前半に「宗教入信」というワードを入れた、という背景があった。

取材から半年後。「新興宗教」が改めて注目されるようになったのは奇妙な偶然である。

CASE 11 「奨学金600万円」を借りた26歳女性のケース

高校生のときはなかなか想像できないかもしれないが、奨学金を返していくということは、決して楽なことではない。年収が高い企業に就職できたり、高収入の職業に就ければ問題ないかもしれないが、それでも毎月数千円から数万円のお金が、銀行口座から自動的に引き落とされていく。

だからこそ、奨学金返済当事者は、ときに奨学金を借りていない人の言葉に、納得のいかなさを感じることがある。松村静香さん（仮名・26歳）もそのひとりだ。

母が「看護師はいい仕事だよ」とお勧め、本人もその気に

自営業の父、会社員の母のもとに生まれた松村さんは、上に姉、下に弟がいる3人きょうだいの次女だ。現在、病院で看護師として働いている松村さんだが、志したきっかけは母親にあったという。

「もともと母は看護師になりたかったそうなんです。でも実家が裕福ではなかったため、その夢を諦めるしかなかったそうです。その後、父と結婚して、私たち3人きょうだいを産むわけですが、母いわく、私は誰かがケガをして血を流していても、一切騒がない子どもだったらしいんです。それを見て、母は『じゃあ、この子を看護師にさせよう』と思ったらしく、『看護師はいい仕事だよ』と刷り込んだそうで（笑）。私自身も、子どもの頃に『ナースのお仕事』というドラマがはやっていたこともあって、母の思惑通り『看護師って楽しそう』と思うようになりました」

自身が家の事情で夢を諦めたため、「自分の子どもには絶対、お金が理由で夢を諦めてほしくない」という考えを持っていたという松村さんの母。だが、松村さんの父は自営業で、収入は不安定だった。

「きょうだい3人とも高校までは学費を出してもらえたのですが、父は『大学進学は自分の意思』という方針でした。その結果、姉と私は奨学金を借りて大学に進学しました。両親も『自分の夢を追いかけなさい。なりたい夢があるなら、奨学金は無駄なお金ではない』みたいなノリだったので、奨学金を借りるときも『どうして、借りないといけないの？』とはまったく思わなかったですね」

こうして奨学金の力を借り、看護師の道を目指すことは決まった松村さん。問題はどの学校に進むかだが、選んだのは私立の看護学校だった。

「歴史が長く、実習先の病院が充実していたのが、進学を希望した理由です。また学長がいろんなお医者さんと知り合いのため、『就活で倍率の高い病院を受験した際に、採用してもらえるように頭を下げに行ってくれる』という話を聞いていたのも、その学校を選んだ理由のひとつでした」

将来の就職を考えると、確かに実習先や就職先は重要ではある。しかしそのぶん、私立や4年制ということもあって、松村さんの志望した大学の学費は他と比べると高かった。そこで、その学費はJASSOから借りた第二種奨学金で払っていくことになった。

在学中は勉強にバイトに全力投球

その後、無事に志望していた看護大学に進学した松村さん。実家から電車と自転車を使って40分。月曜日から金曜日まで、ビッシリ勉強漬けの日々である。

「毎日1限から4限まであって、すべての講義が終わるのは夕方17時前。高校生活とあまり変わらなかったのですが、勉強ばかりだとストレスがたまるため、金曜日の夜は友達とカラオケに行ったり、食べ放題のバイキングに行っていましたね。実家暮らしだったので、金銭的には問題ありませんでした。ただし、一般の大学生のように1限をすっぽかしたりとか、オールで徹夜したりとかはしませんでした」

一般的な大学生のようにサークルや部活動での出費がないのであれば、そこまで娯楽費もかからないが、松村さんはそういった生活・娯楽の費用は奨学金から出すことはなく、アルバイトで稼いだお金で賄っていたという。

「卒業旅行の費用や卒業式の袴代には、奨学金から一部だけ使いましたが、それ以外の生活費は基本的にバイト代から捻出していました。看護師の世界しか知らないまま社会人になるのは嫌だったので、その前にいろんな仕事を経験しておきたいという気持ちもあったんです。私の周囲でも、同じ考えからコンビニや居酒屋でバイトしている子は多かったですね。

平日は授業が入っているため、土日しかシフトに入れないのですが、面接の際に看護学校の学生ということを伝えると必ず採用されて。『なかなかシフトに入れないんだろうな』と思われる一方で、『でも、看護学校の学生だったら、そんなに変な子ではないんだろう』と思ってもらえるんですよね（笑）」

就職後、「看護奨学金」の制度を知って愕然

学生の本分をまっとうしつつ、将来を考えてバイトし、なおかつ遊びもしっかりする。なかなか堅実で、優等生な松村さんだが、本人としては、リサーチ不足の結果、とあるミスを犯していたと言う。そのことに気づいたのは、無事に国家試験に合格し、看護師として病院に勤務し始めた後のことだった。

「看護学校には『看護奨学金制度』というものがあるんです。看護学生に病院などの団体がお金を貸与してくれて、看護師になった後、一定期間その病院で働くことで返済が免除になる制度です。就職後、同僚から聞くまで私はこの制度のことを知らなかったんですよ。『そういうシステムがあったんだ……』って、初めて聞いたときはめちゃくちゃ落ち込みましたよね」

この制度については、すでに64ページの前田美香さんのケースで、メリット・デメリットの両面から詳しく解説している。もし職場ガチャに外れて、一定期間が終わるまでに退職した場合、奨学金を全額一括で返済することが求められる場合があるというのは、なかなか大きなデメリットだろう。

ただ、「メリット・デメリットの両方を知っていて選択する」ことと、松村さんのように「そもそも存在を知らずに選択できない」のでは、大きな差があるのは間違いない。高校で奨学金に関する説明会が行われるかどうかが、教師たち次第になっているのも、松村さんのような人が生まれる一因だろう。

話を戻そう。こうして、自身の奨学金が背負う必要のないものだったと知った松村さんだが、彼女は前向きな性格だった。「今さら後悔しても遅い」と気持ちを切り替えたのだ。

「返済はそんなに負担じゃないけど、『奨学金がなかったら結構貯金できたんだろうな』と思うこともあります。でも、お金の大切さを若いうちに知ることができたのも事実だし、奨学金があることで、看護師というハードな仕事を続けられていると思うんです。看護師は『5年やって一人前』と言われる世界で、私は今6年目なのですが、仕事に慣れないうちは大変な時期もありました。でも、奨学金があるから辞められず、結果的に、仕事がある程度できるようにもなった。私の周囲に限ったことかもしれないですけど、早くに辞めちゃった子は奨学金を借りてなくて、続けて一人前になっている子は奨学金がある、みたいな印象もあります。また、私の場合は家族の応援もありましたしね。金銭面のサポートこそなかったけど、実習中の送り迎えとか、両親はいろいろしてくれたんです。そのことを考えたらすぐには辞められないなとは思いますよね」

毎月約2万5000円の返済生活が42歳まで続くが、松村さんは常に前を向いているようだ。

恋人の「早く返せば？」に苛立ちを覚えることも

過去は変えられないが、将来は自分の気持ち次第で変えられる……。

話を聞いていると、そんな言葉が思い浮かんでくる松村さんだが、一方で、周囲の人の中には、奨学金のことをポジティブに捉えてくれない人もいるようだ。

例えば、現在交際中の恋人との間には、こんなやり取りがあったという。

「彼にとって奨学金は『多額の借金を背負っている』という認識のようで、『できるだけ早く返したほうがいいんじゃない？』って軽く言われるんです。正直ちょっと放っておいてほしいというか、『あなたに返してもらうなんて思っていないのに』という感じで。借りてない人からすると奨学金は借金なのかもしれないけど、でも借りた当事者からすると

『確かにお金を借りたのは事実だけど、ギャンブルとか、自分の怠惰さでできた借金ではない。連帯保証人もいるけど、親族に迷惑をかけるつもりはないし、絶対に自分で返す』という考え方なんですよ」

借金は借金かもしれないが、世間一般で言われるような借金とは違う、ということらしい。

なお、このようなギャップは周囲でもあるという。

「知り合いに医師（男性）と看護師（女性）のカップルがいて、男性のほうはお金に困っていない一方、女性のほうは奨学金を返済しているんです。ふたりは結婚を前提に付き合っていたそうなのですが、あるとき、男性から『奨学金を返し終わってからじゃないと結婚はしたくない』『借金がある状態のまま結婚するのは嫌だ』と女性側が言われたらしく……。それを聞いたとき、他人事には思えずに私も悲しくなってしまいました。やっぱり、ただの借金と思われるのかって。でも実際問題、看護師で奨学金を借りてる人って少なくないと思うんです。看護学校時代、ＪＡＳＳＯの『スカラネット・パーソナル』のパソコンの入力の仕方などに関する説明会が学校で何度かあったのですが、私の学年は奨学金を借りている人ばかりでしたから」

繰り返すが、松村さん自身は奨学金を借りたことを後悔しているわけではなく、前向きに捉えている。
「職場はいい人ばかりですし、仕事柄、いろんな人たちと話すから、同年代の人たちより苦しい経験も含め、いろんなことを経験できます。そして、それをお金で買えたかというと、たぶん買えなかった。奨学金を借りて、看護師になれたからこそ、今があるのかなと思っています」

重要なのは苦労を「糧にしていく」ということ

奨学金は、正しく活用すれば大きな自己投資となる。一時的に借金を背負うことになるものの、学歴を手に入れたり、資格やスキルを身につけることで、生涯収入を増やすことができ、結果として、奨学金以上のリターンを得ることができる。自分の人生を切り開くことができるのだ。

しかし、我が国では奨学金に対するイメージは正直なところ、あまり良くない。その結果、松村さんのような体験をする人も生まれる。

もちろん何を思うかは人それぞれだが、高校生が自分の人生を考えるうえで、奨学金のリスクにばかり目を向けて、建設的に考えることができないことだけは避けてほしいところだ。

松村さんの取材を終えて

正直、このときの取材で松村さんから「『奨学金は借金なんだから、早く返せば？』という発言には苛立つ」というパンチのある言葉を聞いたとき、「この記事は読まれるな」と確信した（先ほどから筆者コメントパートで「読まれた」とか「読まれなかった」と綴っているが、なにも商売っ気で言っているのではなく、奨学金報道を新しいフェーズに持っていくには、読まれることが必須なのである）。

案の定、記事としてＷｅｂに配信されると、ＳＮＳを中心に拡散され、トレンドニュースにも採用、「奨学金」の３文字がトレンド入りすることになった。

拡散された結果、「いや、奨学金は借金だ！」という意見が多数見受けられた。確かに、これまで30名近くの奨学生たちの話を聞いている筆者でも、「奨学金は借金」という見方はしている（あくまでも、「自己投資」としてポジティブに受け取っているが）。

こうしたところに、実際に借りている当事者と、借りていない者の間には、大きな「溝」があるということを改めて、思い知った。

松村さんが話すように、奨学金は別に浪費ではなく、自己投資なのだが、なぜか世間ではそれらは同一視されがちなのだ。そして、この認識の違いは今後もしばらくは続いていくのだろう。

それほど、日本人には「自己投資」という感覚が根づいていないのかもしれない。しかし、それぐらいのリスクを背負わないと、この国は看護師という、社会にとって必須の人材すらも育てられないということにもつながるのだ。

そのことを踏まえて「奨学金は借金なのか?」という問いかけを考え直してみてほしい。

CASE 12 「奨学金880万円」を借りた24歳女性のケース

大学進学に際し、上京を選ぶ理由はさまざまだが、「東京への憧れ」を語る人は少なくない。東北地方出身で、関東圏の4年制大学を卒業後、出版関係の企業に就職して3年目になる山田志保さん(仮名・24歳)もそのひとりだ。

彼女がJASSOから4年間で借りた奨学金は、第一種奨学金が307万2000円、第2種奨学金が576万円で、合計して883万2000円、つまり合計して約900万円という金額になる。その結果、月々の返済額は3万6977円。これが20年間続くという。

保守的な地元が肌に合わず、上京を考える

「東京の大学に行こうと思って親に伝えたら、『生活費と学費は自分で出してね』と言われたのが、奨学金を借りたきっかけです。家の財政事情はなんとなく把握していたので、『でしょうね』というのが、正直な感想でした。両親はともに高卒で、大学がどんな場所か知らなかったのも影響していたと思います」

かつては、漁業で栄えたが、今はすっかり衰退してしまっているという山田さんの故郷。家族構成は両親と兄で、兄も中学を卒業後すぐに働き始めて、現在も実家で暮らしているという。３人とも堅い仕事をしており、比較的保守的な考えの人たちのようだ。

また、高校の教師たちも、同じように保守的で、山田さんの肌には合わなかった。

「私が通っていた高校は、地方によくある『自称』進学校でした。田舎の公立進学校って大抵そうだと思うんですけど、地元国公立大至上主義で、そこに進むことをめちゃくちゃ勧められるんです。１年生のときにはわざわざ学年全員でバスに乗って見学しに行ったりしていましたね。そんなだから、私も１年生の頃は地元の国公立大を目指していたのですが、２年生のときに『やっぱり都会の私立に行きたい』と思うようになって」

このような理由で、東京の私大への進学を決意した山田さん。となると、気になるのは

両親がどれくらい費用面を負担してくれるかだが……。

「家賃・生活費・学費のうち、親が出してくれたのは、学費の半分でした。一人暮らしをしたことがなかったので、どれくらいのお金が毎月必要なのか、いまいち想像できず、第一種と第二種奨学金をともに満額借りることにしたんです。今思えば、もっと少なくしておけばよかったんですけど」

この時点で、その後始まる返済生活に暗雲が立ち込めている印象だが、焦らず、時系列に沿って聞いていこう。

東京の難関大学に進学も思わぬ「落とし穴」

多額の奨学金を借りてまでも夢見た、東京でのキャンパスライフ。希望した大学には受かったが、落とし穴があった。そのキャンパスがあるのは都内ではなく、神奈川県だったのだ。

「それまで地元から一度も出たことがなかったので、聞いたことのない地名でも『地元よりは都会でしょ』と思ってたんです。でも、いざ行ってみると、キラキラの東京ライフという感じではなくて……。とはいえ、合格した大学の中では一番偏差値が高かったので『まぁ、いいか』と、割とすぐに気持ちは切り替わりました」

高校時代こそ、テレビで見るような華やかな東京生活に憧れていた山田さんだったが、実際に東京（正確には神奈川だが）で暮らし始めたことで、自分でも気づかなかった一面を知るようになる。いわゆる、文化系の人間だったのだ。

山田さんが一人暮らしを始めたのは、大学と横浜の中間地点にある街。それが影響し、次第に横浜・若葉町にある名画座「シネマ・ジャック＆ベティ」に通う日々が始まった。

「『ジャック＆ベティ』は一般的に想像される、2本立て的な名画座ではなくて、単館系の新作ロードショーを、他よりも少し遅めに上映しているような映画館です。昔ながらのレトロな映画館で、映画好きが集まるせいか客層も良くて、雰囲気がすごくいい場所で。そこで一日3本立て続けに見たりしていました。友達とどこかに出かけて遊ぶタイプではなかったので、『ジャック＆ベティ』にこもっているか、学校に行っているか、バイトしているか……そんな学生生活でしたね」

もともと、両親が映画好きで実家はWOWOWを契約していたこともあって、山田さんは子どもの頃から映画好きだったという。しかし、地元には映画館はなく、当然、単館系作品を上映する名画座も存在しなかった。

そんな彼女が「ジャック＆ベティ」に吸い寄せられ、より映画好きになっていったのは、ある意味、自然な流れと言えよう。

また、名画座通いの一方で、アルバイトも一風変わった場所でしていたようだ。

「2年生の頃は、出版社の雑誌の編集部で働いていました。それ以外にもいろんなところで働いていて、大学の講義がある期間は週3日程度、朝6時から8時までカフェでバイトして講義に出たり、夏休みになると朝9時から深夜まで働いたりもしていました。長期休暇は、月に10万円は稼いでいましたね。ただ、親からは『扶養の範囲で』と言われていたので、年間で100万円ぐらいだと思いますけど」

さまざまな経験を積んで、就職先にも変化が

その後、大学を卒業した山田さんは、1社を経て、現在も勤務する会社に中途で入社することになる。名画座通いをしていたことを考えると、映画会社なども志望しそうだが……。尋ねると、「一時期考えていたこともありましたけど、やめたんです」とのこと。

「大学時代はひとりでいることが多くて、そのせいか、鬱っぽくなった時期もあったんです。そんなとき、自分を支えてくれたのが本でした。映画よりも、寄り添ってくれている感じがしたんです。だから、本に関わる仕事がしたいと思うようになって。あと、友人の誘いで、映画作りに関わったことも影響しています。映画はひとりで見られるけど、作るのは大人数じゃないですか。だから、『自分には合わないな』って気づいたんです。今ま

でに触れてきた数は映画のほうが多かったけど、仕事にしたいな、できそうだなと思ったのは本だったというか。自分としても、意外な発見でしたね」

そんな、本に関わる現在の日々は、給料こそ、そこまで高くはないものの、「それでも今の仕事は楽しいです」とのことだ。

「高校生までは将来のことなんて、何にも考えていませんでした。でも、東京の大学に来たことで、今の仕事に就きたいと思うようになった。ずっと地元に住んでいたら、名画座通いも、出版社でのバイトも、自主映画制作の手伝いもできなかっただろうし、そうなると、今の仕事も浮かばなかっただろうなって。選択肢が増えたという意味では、奨学金をもらっておいてよかったなとは思います」

地元を出て、東京の大学に進学したことによって、自分のやりたいことを発見し、今はやりたかった仕事をしている。それは、奨学金を借りたことで叶ったと言っても過言ではないだろう。

マネーリテラシー低めな人の返済実態とは？

もっとも、そんな美談めいた話は、奨学金返済にはなんら関係のない事情である。実際、その辺りはどうなのか？

まず現在、山田さんは毎月約3万7000円を返済している。決して少なくはない返済額ゆえ、過去には返済に困ることもあったようだ。

「今は給料も上がったので『月々4万円弱の出費はデカいけど、思ったより大丈夫』という感じです。ただ社会人1年目のときは、給料もそんなにもらえていなかったので『デカい出費だな』と思っていましたね」

小さくはない出費を抱える今、山田さんは切り詰めた生活をしているのかと言うと、そういうわけでもないようだ。

「私、節約ができないんです。服とか、高い買い物はさすがに控えていますけど、食費を切り詰めたりすることはできないし、しかも、在宅勤務が多いので、ついついUberEatsとかも頼んじゃう。そのせいか、クレジットカードの支払いも、家賃や奨学金とは別で毎月15万円くらいあります。『貯金しなきゃな』とは思っているのですが、一回上げた金銭感覚を下げるのって難しいんですよね」

金銭感覚はさまざまである。ゆえに、月の支出がいくら以上なら散財しているなどと、わかりやすい基準で判断することはできないが、「自分でもそこまで使っている気がしない、何に使っているのかわからないんです」とのことで、どうやらちょこちょこ小さな出費を積み重ねるタイプらしい。

さて、ここで出てくるのが、山田さんが「借りすぎた」とインタビュー冒頭で語った奨学金の金額である。大学在学中、山田さんは第一種奨学金と第二種奨学金を合わせて、月々18万4000円も借りていた。そこに、バイト代が平均で8万円ほど加わる。合計すると26万円強という数字になり、これは、山田さんの新卒時代の手取りよりも多い数字だった。

もちろんここから、授業料の自身の負担分や、家賃、交通費などを支払うので、全額を自由に使えるわけではなかったが、それでも毎月10万円程度は生活費や娯楽費に使っていたようだ。

この数字が多いか少ないかは人によって判断が分かれそうだが、「友達と旅行に行ったり、わかりやすい散財をしたりという記憶はないんですよ」とのこと。大きな出費をドカンとするより、小さな出費をコツコツ積み重ねるほうが記憶に残りにくいし、結果的に散財にもなり得る……という教訓話を、山田さんは地でいっているのかもしれない。

お金というものは概して、使うのは簡単な半面、稼ぐのは難しいものだ。そして、そのことを親や教師が教えてくれるとは限らない。

どの程度バイトできるかは、学業の忙しさにも影響を受けるため、実際に大学生活が始まる前に想像するのもなかなか難しいかもしれないが、今後奨学金を借りようと考えている高校生は、彼女の例を参考にしてみてほしい。

山田さんの取材を終えて

彼女のインタビューはほかの取材対象者たちと、雰囲気が違うと感じる読者も多いかも知れない。というのも、これまで登場してきた取材対象者の多くは、学生時代にアルバイトや学業に必死に打ち込む者が多い中、山田さんはお世辞にも奨学生として「勤勉」とは言い難く、社会人になってからも特に貯金はせずに、散財しているからだ。

ただ、正直、筆者はこれまで取材してきた中で「一番親近感がわいた人物」である。だって、一番だらしないからである。

この連載は「奨学金地獄」という内容にしたくないため、またそういう人が大多数であり、「奨学金を借りて人生を好転させた者」の証言が中心となっているが、山田さんの場合は他の人たちと比べると、そこまで大きく人生が変わっているわけではない。さらに、今でもお金の使い方は決して褒められたものではない。

でも、それが「普通」なのだと思う。実際、この記事が連載の中で一番反響があった。

筆者はいつもこの取材時には「撮れ高」というものを気にしていた。しかし、実際のところ奨学金を借りて劇的な変化が訪れることは、ほとんどなく、大半は山田さんのように、その場しのぎで生きている。そして、その証言が人を安心させるのだと思う。

とはいえ、締切にもお金にもだらしない筆者ですら、山田さんの金銭感覚は心配である。書籍の刊行から5年ぐらい経ってから、また話を聞いてみたいものだ。

CASE 13
「奨学金1500万円」を借りた31歳男性のケース

「妻とお義母さんのおかげで、今の自分は存在できているのだと思います」

奨学金返済当事者への取材を続けていると、奨学金制度と同時に「救いの手を差し伸べてくれる存在の重要さ」を強く感じることがある。

現在、弁護士として働く火野祐一さん（仮名・31歳）のライフストーリーを聞いたときも、そのことを強く思った。

貧困で、いろんなことが歪《いびつ》だった実家

中部地方の某県出身の火野さんだが、実家はかなり貧困家庭だったという。

「父は何を仕事にしているのかすら、よくわからない人でした。僕が小学生ぐらいのとき

は、カブトムシやクワガタの輸出入ブームだったので、それらを育てて売っていましたね。そんな働きぶりでもなんとか生きていけていたのは、祖母の年金のおかげです。祖父は私が生まれる以前、60歳にもならずに亡くなったため、その配偶者の祖母には2か月で30万円近くの遺族年金が入っていたそうです。一応、僕が小学生の頃は母も働いていたので、その遺族年金を元になんとか、その日暮らしという感じでした」

また、火野さんは家族関係も一風変わっていた。

「両親は年の差が15歳もあって、母は19歳で僕を産んでいるんですよね。わけのわからないままに結婚して子どもを産んだというか、『子どもが子どもを産んだ』感じです。無計画というか、何も考えていないというか……。僕には3歳下の妹がいるのですが、中学生になったときに13歳下の弟もできたんですよね。母はネグレクト気味でもありましたが、子どもがそんなにいても、両親は2人とも働く気はあまりなかった。いわゆる毒親です」

そんなハードな家庭環境で育った火野さん。高校は地元の、「自称・進学校」というレベル感の公立高校に進学する。

「少子化の影響で今はもう母校はなくなってしまったのですが、当時、同級生は160人ぐらいいて、そのうちの半分は専門学校に進学し、8人ぐらいは地元の私立大学に指定校推薦で入るような学校でした。そのため、周りもそんなに勉強しておらず、文系で都内の私立大学を目指している人は10人にも満たなかったですね」

高校を卒業しても、地元には高卒が就ける仕事は少なかった。「父親のようにカブトムシの販売で生計を立てるのも嫌だった」という火野さんは、大学受験を決意する。

「地元を離れて、東京か大阪の国公立大学の法学部に行きたいと思うようになったのですが、例えば都内の国公立の法学部って東大や一橋しかないので、当時の自分の学力では圧倒的に届かなくて。そこで、早慶やＭＡＲＣＨも受験しましたが、全然ダメ……。最終的に、なんとかセンター利用で引っかかった、日東駒専の法学部に進むことにしました」

合格した大学の学費は年間１００万円ほどだったそうだが、入学以前に、50万円もの入学金と、１年生前期分の学費が必要になった。高校時代からバイトをして貯金していた火野さんだったが、いざ振り込もうとしたとき、予想外の出来事が発生する。

「高校に入学してからずっと飲食店でバイトをしていたので、50万円は貯まっている予定だったのですが、『入学時には返すから』と言われたまま、両親に全部取られちゃったんですよね。もちろん、返してはくれません。そのときは両親ともに働いてなくて、お金がないので身近な僕の通帳を使ったのでしょう」

ネグレクトで食事なし、175センチ45キロに

この話を聞いた人の中には「なぜ、親にカネの管理を任せたんだ！　自分の銀行口座を準備しろ！」と、火野さんの甘い判断に怒りを覚える読者もいるかもしれないが、話を聞いていくと、当時の状況はなかなかに苛酷だ。

「本当に当時はお金がなくて、食事も出てませんでした。今は僕、78キロぐらいあるのですが、当時は175センチの身長に対して50キロもなくて、一番少ないときは45キロになったことも。ずっと貧血でふらふらでした。飲食店でバイトしていたのも、賄いが出るからです」

火野さんは平成生まれの30代である。戦後すぐの話ではない。

さて、こうしてせっかく合格した大学に入学できないかもしれないという、絶望的な状況に陥った火野さんだったが、ここで救いの手を差し伸べてくれる人が2人現れた。当時から交際していた妻と、その母親（義母）だ。

「今の妻とは、高校生の頃から付き合っていて、よく妻の実家でご飯を食べさせてもらっていたんです。そして、入学金を僕の両親が使い込んだときも、妻のお義母さんが一時的に50万円近く貸してくれたんですよ。それで、なんとか入学金を払って、その後、奨学金

の予約採用でお金が入ってきたので、それでお義母さんには返しました」

こうして無事に大学に入学できた火野さん。子どもの微々たる稼ぎを頼りにするような両親が生活費などをサポートしてくれるはずもないので、JASSOから、貸与型奨学金を借りることになる。

毎月、第一種奨学金を6万4000円、第二種奨学金を12万円。ともに機関保証で一部引かれるため、実際に振り込まれる金額はそれよりは少なく、18万円ちょっとだった。

年間の学費が100万円であることを考えると、やや借りすぎだと思う人もいるかもしれない。しかし、結果的にこれが火野さんの人生を変えた。

「法学部を目指したのは『弁護士などの堅い仕事に就けそうだから』という理由からでした。自分が入学した頃は、司法制度改革で司法試験の合格率がかなり上がっていた時代だったんです。それで、当初は弁護士を目指していたのですが、受験でMARCHに落ちた時点で『自分には無理かな』『だったら、公務員かな』と思うようになったんですね。でも、毎月18万円の奨学金を借り続けると、4年間で最終的に1000万円近く借りることになる。その重みを感じるうちに『堅実で、なおかつ稼げる職業に就こう』と思うようになりました。そして、1年生のときから法律の勉強を始めて、行政書士の資格の試験を受けたら合格したので、そこから本腰を入れて司法試験を目指すようになりました」

勉強に専念するため、バイトはあえてしないという決断

自らを鼓舞する意味合いもあり、背水の陣で挑みたい火野さんは、ここで大きな決断をした。ロースクール受験の勉強に専念するため、バイトをしないことに決めたのだ。

「高校でバイトを3年間やっていたときに思ったのですが、バイトって、長く続ければ続ける分だけ辞めづらくなるんですよね。そこで、『バイトに時間を割くぐらいなら、勉強したほうがいいいな』と思うようになって。時給換算で考えたら、時間がもったいないですし、弁護士になれば時給はもっと上がります。そこで、生活費や家賃はすべて奨学金で賄うことにしたんです」

とはいえ、これは当時の彼にとって、かなりの決断だった。

「ただ、当時は本当に追い込まれていて、『これで失敗したらすべてを失ってしまう……後に道はない』という気持ちでした。弁護士にならなければ奨学金は返せないですし、そのために奨学金を自分に投資したので、もう楽観視できないというか、精神的にはいい状態ではなかったですよね。『最悪、死ねばすべて解決する』と考えたことすらありました」

23区外のとある街で家賃5万円のアパートに住み、8万円は学費のために貯金する日々。バイトをしていないので自由に使えるお金はないが、将来返す奨学金の金額はどんどん膨

らんでいく。

だが、努力は実を結び、大学卒業前に、有名私大のロースクールに合格。ここでも、奨学金を借りることにはなるが、人生は好転していった。

「幸運にも、大学3年生のときから給付型の奨学金をもらえることになり、それを司法試験予備校の費用などに使って、本格的に勉強できたんです。ロースクールに合格したので、また奨学金を借りるのですが、成績優秀だったこともあり、第一種奨学金は200万円以上が返済免除に。さらに、本来なら1年で100万円以上かかる学費も半額になりました。そして、『自分はすでに大量の奨学金を抱えている。それならこの際、第二種奨学金は増額しまくろう』と考えて、法科大学院生が借りられる上限の22万円まで借りました」

その後、火野さんは司法試験に一発合格。大学時代の1000万円に大学院の分を足すと、火野さんの借りた奨学金の合計金額は1500万円に達していた。

弁護士になった今、「自分に投資する大切さ」を実感

さて、火野さんが弁護士として働き始めてから半年が経ったところで、毎月6万4000円の返済がスタートした。毎月かなりの金額を返済しているが、それでも奨学金を借りていなければ、弁護士にはなれていなかったと、火野さんは振り返る。

「弁護士になるために、ロースクールまで進むと、そのために借りる奨学金が増えるのは目に見えていました。さらに追加で奨学金を借りることは勇気が要ることでしたが、仮に大学時代にバイトをしながら勉強をしていては、今のようなスピードでは司法試験に受かっていなかった気もします。この国は金融教育ができていないので、『借金』を悪いことだと思っている人が多い現状があります。でも、奨学金のように自分に投資して、自分の価値を上げるのが一番簡単な生涯収入の増やし方だと、僕は思うんです。10代という若さで人生の大事な決断をしないといけないのはおかしい気もしますけど、それでも貧困家庭の子どもが、ずっと貧困でいないといけないわけじゃないですよね」

今でこそズバズバとした口調でこのように語る火野さんではあるが、それでも弁護士になった当初は、月6万4000円の返済は決して軽くはなく、働く中で厳しいときもあったという。

「弁護士になってからすぐに結婚したのですが、税金や社会保険料が引かれると結構生活がキツくなりました。また、2社目に入った事務所がかなりブラックで、逃げるように辞めて貯金がなくなったこともありました。そして、そんな中で子どもが誕生。いよいよ生活がヤバくなりそうでしたが、今の事務所に入ったことで、なんとか安定してきた感じです」

そんな、火野さんの現在の弁護士としての主な業務は、債務整理、自己破産などだとか。火野さんの両親も自己破産は2、3回経験し、今は生活保護を受給しているそうだが、両親と似たような境遇の相談相手に肩入れしてしまうこともあるのだろうか。

「それはないですね。フラットな気持ちで仕事をしていますよ。でも、それは仕方がないんですよね。だって、自分で差し伸べられる手には限りがありますから……。これは僕がサバサバしているというよりは、感情移入しすぎたら大変だからですよ。例えば、僕が担当している離婚事件なんて、犬も食わない夫婦ゲンカの延長のようなものです。それを仲裁するような仕事なので、いちいち感情移入していられません。それに『破産』というのは、その人物に『経済的な死』を与えることになります。それを見届けるのが仕事なので、普通の精神状態では続けられませんよ」

差し伸べられる救いの手には限りがある……。非常に重みのある言葉だが、かく言う火野さんは現在、両親とは縁を切った状態なのだという。

その一方で、募るのは「妻と義母への感謝」

晴れて弁護士にはなれたが、生まれながらの境遇とストイックな勉強生活のせいか、すでにこの世を達観したかのような印象の火野さん。

借金で首が回らなくなった相談者たちの話を聞く仕事の日々だが、前出の通りプライベートでは高校時代からの恋人と結婚し、子宝にも恵まれて幸せな日々を過ごしている。大人になってますます募るのは、妻と義母への感謝の気持ちだという。

「高校時代に妻に『将来、どんな職業に就きたいの?』と聞かれたので、『公務員』と言ったら『夢ないね』と言われたことがありました。そこで、『だったら、弁護士になる』と啖呵を切ったのが、今の仕事を目指すきっかけのひとつなんですよ。あと、大学の入学金を一時的に肩代わりしてくれた、お義母さんも本当に人格者で。娘の彼氏に何十万円も貸すって相当なことだと思います。当時はこれまでの自分の振る舞いが良く受け止められていたのかなと思っていましたが、今思えば、僕に投資してくれていたんだと思います。そう考えると、妻と付き合っていなかったら、弁護士にはなっていなかったと思いますし、お義母さんがいなければ大学にも入ることができませんでした」

そして、彼は貧困家庭からの脱出についても、こんな持論を述べる。

「結局、誰かが救ってくれないと、貧困からは抜け出せないんだと思います。もともと、うちは祖父母の代から貧乏が続いていて、母方の祖父と離婚した祖母はもはやどこにいるのかすら、わからない状態です。だから、貧困が連鎖しているのは間違いないと実感しています。僕も妻とお義母さんがいなかったら、どうなっていたかわかりません」

救いの手を差し伸べてくれる存在の重要さという切り口から話が始まると、美談を想像してしまいがちだ。しかし、本人はただがむしゃらに努力しているだけである。どんな家に生まれるかは選べない。人生を変えられるのは本人だけであり、また、周囲の助けも重要なのだろう。

火野さんの取材を終えて

なかなか過酷なエピソードの取材協力者が多かったが、その中でも火野さんはズバ抜けていた。だって、親から貯金をむしり取られる、175センチで45キロという高校生というのは想像しづらいでしょう？

筆者は火野さんと同年代ということもあって、取材中に何度も「それ、平成の話ですか？」と聞いてしまう一幕があった（本人も「そうですよね」と苦笑していた）。

その一方で、彼が語る現実的な言葉にも胸を打たれた。1500万円という、相当な金額の奨学金を借りて、バイトは一切せずに勉強に専念する。「結局、誰かが救ってくれないと、貧困からは抜け出せない」「貧困が連鎖しているのは間違いない」などなど……。弁護士となり、多くの人の人生に関わっている火野さんだからこそ、その言葉に説得力があった。

非常に嫌な言い方になってしまうが、生まれる家や親は選べない。その結果、貧しい子ども時代を送ることもあれば、社会人としてスタートする際に、奨学金という大きな借金を抱えることもある。

火野さんの場合は高校時代に出会えた恋人と、そのお母さんという存在がいたのは、不幸中の幸いだった。

一方で、彼の調子のいい弁護士の軽快な語り口とは裏腹に、取材中は彼の「人生」というものに対する、至極冷静な感覚も同時に不気味な具合に伝わってきた。

CASE 14 「奨学金2160万円」を借りた35歳男性のケース

医師として働く野元勇真さん（仮名・35歳）は、借りた奨学金の総額が「約2160万円」だという。

その金額の大きさもさることながら、彼は経歴も一風変わっている。「4年制私大（文系学部）を卒業→医学部再受験→国公立大学の医学部に合格」と、かなり紆余曲折を経た人生を歩んできたのだ。

ごくごく普通の公立高校から、難関私大に現役合格

東海地方に位置する某県出身の野元さんは、4人きょうだいの2番目だ。

「地元は田んぼばかりの田舎だったのですが、そこでうちは祖父の代から文房具店を営んでいました。祖父の代は儲かっていたようですが、少子化がすでに進み、学校が統廃合されていた私が中高生の頃は、世帯年収で400万円ぐらいだったと思います」

少子化やIT社会の到来など、時代の影響もあり、金銭的に裕福とは言えず、家庭内ではお金で揉めることもあった野元さんの実家。

そんな中で、彼が進学したのは地元でもごくごく普通の公立高校だった。

「高校に進学するまでは大学のことを意識することはなかったので、偏差値50程度の学校に入学しました。だけど、1年生の頃に『やっぱり学歴って大事だよな』と思うようになって。田舎だと、それがもうステータスになるんですよね。それで、なんとなく『医師になりたい』と考えるようになったのですが、入学時に私立文系コースを選んでいたことが災いして、理数系の科目を学ぶことができませんでした。だから、早々に国立の受験を諦め、私立の難関大を受けることにしたんです。『科目数を絞ったほうが、より偏差値の高いところに行ける』という考えもありました。友達から塾の問題集をコピーさせてもらっ

たり、お小遣いを貯めて赤本を購入したりして、必死に勉強しました。あと、予備校に通うことはできなかったけど、東進ハイスクールや代々木ゼミナールで模擬試験を受けると、その後、外部生でも模試の解説の講義だけは受けられたので、名物講師の授業を受講できたのはうれしかったですね」

野元さんが通っていた高校は、進学校でもなんでもなかった。ゆえに都内の有名私大を目指す時点で異例中の異例だったが、地道な努力を重ねた結果、志望校に現役で合格することができた。

「合格発表が授業中だったのですが、携帯電話の持ち込みは禁止されていたので、先生の許可を得て、職員室で先生のパソコンで結果を見ることになりました。大学のホームページに私の受験番号があるのを見たときは、今振り返っても人生で一番うれしかった瞬間でしたね。先生たちに祝福してもらって、その後、ひとりでトイレに行って大泣きしてしまいました」

大学教授に憧れるも、日本の研究者たちの「現実」を知って……

こうして、無事に志望校に合格し、東京で一人暮らしを始めた野元さん。有名私立大ゆえ付属校からエスカレーター式で進学してきた富裕層も多く、彼らとの金銭感覚の差に愕然とすることも多かったそうだが、引き続き勉学には本気で励んでいたという。

「過去に医者を志したこともあって、文系学部の中でも理系にも重なる心理学を専攻していました。『将来は教授になって、この分野を極めたい』と考える一方で、ずっと勉強漬けでいられるほどの蓄えはなかったので、塾講師、電気屋、マンガ喫茶などでアルバイトをして、月に6万～8万円は稼いでいましたね」

もともと学ぶことを楽しめる性格だったこともあり、大学教授という職業への憧れを抱いていたが、3年時に大学院への進学を真面目に検討する中で、いわゆる「ポスドク事情」に気づいていくことになる。

「当時在籍していた大学では、毎年2～3割が大学院に進学していました。だから、私も進学する気は満々だったのですが、どうしても金銭事情が気になってしまったんです。修士課程で2年、博士課程で3年かかるとすると、もう不安で不安で。だって、学部向けにすでに借りている700万円の奨学金が、さらに倍に増えるということですよ？　しかも、今の日本は、あまりにも文系研究者が恵まれない環境で、食べられるようになるかわからない。もし研究者の道を諦め、普通に就職したとしても、よほど高収入な仕事じゃないと、1000万円以上に膨らんだ奨学金を返せるとは思えない……。そうやって悩んでいるうちに、かつて諦めた医者という仕事を、真剣に考えるようになったんです」

悩み抜いた結果、大学3年生を終える頃には、医学部受験を決意。医学部受験の勉強をしながら、野元さんは大学を卒業した。

大学4年間でJASSOから借りた奨学金は、第一種奨学金が307万2000円、第二種奨学金が414万円で、合計で約721万2000円。これらは未就職を理由に返済を猶予してもらい、故郷の実家に戻って勉強漬けの日々を再開した。

金銭的な余裕はないので、当然ながら予備校に通う選択肢はなかった。ある意味、高校時代よりも厳しい、ひとりぼっちの宅浪生活だ。

「両親には『この先どれほどの費用がかかりそうなのか、医師になれればどう返済していくのか』などを計算して、エクセルファイルで医学部再入学への算段を伝えました。許してもらえるか不安だったので、今までの人生で一番緊張しましたが、両親は『いいんじゃない』と呆気なく返してくれましたね(笑)。とはいえ、私大文系の自分にとって理系科目は未知の領域ですし、知らないことを誰かに聞ける環境でもなかった。特に数学が苦手で、予備校に通える高校生だったら先生に聞けば一瞬で解決するような問題でも、全部自分で理解するしかありませんでした」

誰とも会わず、家族とも数日間会話しないのが普通の日々。親が予備校の費用を出してくれる富裕層の子どもには、なかなか想像できないかもしれない。

「気が狂ってしまうのではないか」と思う瞬間もあった浪人生活だったが、大学卒業から2年後、大学時代を含めて4年間の受験勉強の末に、ついに国立大学の医学部に合格する。

医学部進学で「1440万円」の奨学金を追加

家族もびっくり仰天、大いに祝福してくれた医学部合格だったが、学費の支払いは待ってくれない。

年間で数百万円の授業料がかかる私立大学の医学部には当然行けなかったので、進学したのは地方にある国公立大学の医学部。だが、それでも学費は年間で約60万円、一人暮らしの費用もかかる。

そこで、野元さんはこのときもまた、奨学金を追加で借りることとなる。

「奨学金の制度についてもたくさん調べていて、そこで見つけたのが医学部奨学金です。月に20万円の奨学金を6年間で合計1440万円借り、卒業後、指定された病院で一定の年数働けば返済が免除になる制度です」

64、124ページで紹介した「看護奨学金」の医師バージョンと言えばいいだろうか。

こうして、浪人期間も含めると10年以上にも及ぶ長い大学生生活の結果、借りた奨学金の総額は約2160万円に。医大生の間も、気は休まらなかったという。

「医学部は、留年がとても多い学部。それは学生が怠惰だからではなく、授業の難易度が高くて、ついていけなくなるからです。でも私が借りていた奨学金は、一度でも留年してしまうと、支払いがストップしてしまうシステムで、奨学金ですべてを賄っている私にしてみれば、『留年＝退学』でした。だからこそ、『絶対に留年できない』というプレッシャーが常につきまとっていました」

そして、野元さんは家族のことも考える必要があった。

「万が一のことを考え、自分に多額の保険金をかけたのもその頃です。もし、自分になにかあっても、父が連帯保証人である以上、奨学金の返済義務は残るわけで、『迷惑をかけられない』と考えたんです」

そんな、気の休まらない医学部生活を6年送ったのち、野元さんは国家試験に合格。30歳で就労を開始し、研修医を経て、現在は勤務医として働いているという。

「1400万円を一括返済」する可能性も

さて、気になるのは奨学金の返済事情だ。

「大学の学部時代に借りた第一種奨学金は、今でも毎月1万2800円ずつ返していますが、第二種奨学金はすでに一括返済済みです。一方で、医学部に入った際に借りた医師向けの奨学金は支払い猶予中です。というのも、『最初から指定される病院で働いてしまうと、自分が望むキャリア形成ができない』という問題があるんですよ。幸いにも、医学部奨学金は就労後も最大で６年間、猶予してもらえます。だから、今は返済を遅らせて、奨学金返済免除には指定されていない病院で働き、自分の専門性を磨いている最中なんです」

生真面目かつ、計画的な野元さんの性格がにじみ出るエピソードだが、それでも、自分だけでは決断できないこともあるという。

「医学部奨学金は、指定された病院に就職するか、一括返済するかの二択しかありません。だから、私は今は支払いを猶予してもらって、６年経ってから指定された病院で勤務しようと考えているのですが、婚約している彼女は今の場所でずっと暮らしたいと言っているんですよね。ですので、彼女の意見を尊重して、１４００万円以上を一括返済することになるかもしれません」

１４００万円を一括返済となると、いくら高収入な医師でも、決して簡単ではないだろう。

回り道がその人にとっての「最短ルート」なこともある

取材の最後、「奨学金を借りようとしている高校生に伝えたいことは？」と尋ねた筆者に対し、野元さんは次のように話してくれた。

「やっぱり『奨学金を借りる』という意思確認は、もっとしっかりとしたほうがいいと思います。必要な支援を適切に使い、正しいやり方で十分な努力をすることで、人生を挽回できる可能性もあるけど、なんとなく大学に行って、なんとなく卒業して、借金を負うというのは、デメリットのほうが大きいでしょう。私自身、今でも奨学金の制度は、ありがたいものだと思うと同時に、怖いものだとも感じています。だからこそ、奨学金を借りる当事者はしっかりと調べたり、考えたりしてほしいですね」

至極まっとうで、反論しようのない意見だ。

だが、筆者としてはどうしても「そうはいっても、高校生のうちに、そこまで深く将来のことを考えられるんだろうか？」という疑問が浮かんだのも事実だった。

そういうのは大人になった今だからこそ言えることで、いくら想像力を働かせても、人生経験や社会経験に乏しい子どもには難しい気もする。だいたい、そう語る野元さん自身が、紆余曲折ある人生を歩んできた人物ではないか。

やや意地悪な視点だが、多くの奨学金返済当事者と接している筆者にはどうしても気になることだった。

そこで、意地悪だと思いつつ指摘してみると、野元さんからはこんな言葉が返ってきた。

「おっしゃる通り、高校生のうちに将来を決めるというのが、現実的に難しいのも事実だと思います。少なくとも私自身は、20歳を過ぎて、ようやくいろんな現実が見えてきて、将来のことを考えられるようになりました。大学に入学した当初は心理学の研究者になりたいと思っていましたが、いざポスドク事情を知り、仕事に就けないかもしれないことを理解したときは怖かったです。だからといって、就活をして大手企業で働くことも、自分には想像できなくて」

では、私大の文系学部に進んだことは無駄だったか……と言うと、それもまた違う感覚のようだ。

「予備校に行かずに現役で志望大学に合格できたのは、医学部受験を決意するうえで、とても大きかったと思います。というのも、周囲の人たちから持ち上げられて、褒められたことによって、自分のアイデンティティや核ができたんですね。そうやって、『自分はできるんだ』という根拠のない自信をずっと持ち続けることができたから、『新卒』という肩書を捨ててでも、医学部再受験を決意できた。一般企業への就職という選択肢を捨てることができた。そう考えると、もし高校生のときにランクを下げてでも、学費の安い国公立大を受験していたら、その後、医学部を受験するなんてことは考えることもなかったと思います。一見、遠回りに思える人生ですけど、これが自分にとっては、医師という夢を叶えるための最短ルートだったんだと感じています」

社会が厳しさを増す中で、コスパや効率を意識せざるを得ない場面が増えている。もちろんそれが悪いわけではないし、奨学金返済当事者の中にも「いかに早く返せるかで仕事を選んだ」と語る人も少なくない。

だが、一方で、「自分の望む人生を叶える」という意味では、パッと見のコスパや効率だけでは測れない部分があるのも間違いない。

野元さんの話を聞きながら、人生というものの複雑さと、それゆえの奥深さを感じると同時に、この本の読者の中にいるであろう高校生にも、どうか自分の人生について真剣に考えてほしいと願う筆者であった。

野元さんの取材を終えて

取材協力者への応募フォームに寄せられた野元さんの文面を見て、取材を即決した。奨学金の金額は多くが数百万円程度で、1000万円を超えるのは少数派。2000万円を超えたのは、これまで500件以上来ている応募の中で野元さんが唯一であった。

そして、取材させてもらったわけだが、人生の奥深さを感じさせてくれるライフストーリーであった。

この記事のあまり気づかれていないポイントとして、「貧困家庭にとって大学受験というハードルがそもそも高い」という点がある。多くの受験生たちと同じように学習塾に通えず、自習がメインとなるからだ。もちろん、中には学校の教師などがサポートしてくれる場合もある。しかし、実際そんな人に巡り会えることはほとんどなく、野元さんは独学で勉強し続けるという苦行を2度も経験した。

そこまでして、彼は医者になれたのだが、それにしてもやはり2000万円という額の奨学金は大きすぎる……。「医者になりたい」と夢見る高校生にとって、この金額というのはあまりにもシビアな金額だ。

だからこそ、野元さんが学部生時代に、将来を考え直したように、高校生たちは今以上に、奨学金制度についての情報を収集してもらい、将来の選択肢をひとつでも増やしていくことが大切なのではないだろうか。

第3章

奨学金はどのように報じられてきたか？

近年、なにかと叩かれがちな奨学金制度だが、このバッシングの波はいつから始まったのだろうか？　この章では、雑誌の図書館・大宅壮一文庫で過去の「奨学金」に関する週刊誌などの記事を読み解きながら、雑誌報道の変遷を振り返っていきたい。

1940年代・日本の奨学金制度のスタンスが決まった

そもそもの話だが、奨学金という制度はいつからあるのか。それは第2次世界大戦中からである。「戦中に一体なぜ……？」と思ってしまうが、太平洋戦争終盤にあたる1943年に文部省（当時）所管の特殊法人「財団法人大日本育英会」が設立されたことで、日本政府の奨学金制度は始まる。これによって、経済的理由で就学が困難な高校生、大学生、大学院生に対して、学費を奨学金として貸与することになった。

「週報」（内閣情報局／1944年2月2日号）の「大日本育英會の誕生」という記事の冒頭部分を引用したい。

「本来我が國の育英制度は、我が國独自の家族制度の本義に則り、その美風に立脚すべきものであって、欧米諸国にみられるような自由主義、個人主義に基づく社会政策的な育英制度とはその根本の趣旨を異にしてをります。我が國では、親は子をその才能に應じて出来るだけ教育し大君に捧げまつる責務を有するものですが、この親の責務に對する協力の意味で、本育英制度が考へられたわけで、この制度の運営に當っては、特にこの點が留意されてをります」

つまり、親は才能ある我が子を、奨学金を使ってでも勉強させよ、ということなのだが、欧米諸国とは根本の趣旨が異なるという点では、発足当初から給付型ではなく、無利子の貸与型だったということ。令和の今でも、日本は諸外国と比較して貸与型の割合が高いと言われているが、このときの決定の影響が続いているのである。

１９５０年代・学生たちは血を売って得た金を授業料に……

戦後の１９５３年、大日本育英会は「日本育英会（以下、引用文以外では育英会と記載）」に名義を変更。戦争から10年も経っていない当時の奨学金は、どのようなものだったのだろうか。

「週刊サンケイ」（産業経済新聞社／１９５３年4月19日号）の「向学心を満たす学生たち〝育英資金制度〟の実態を探る」によると、当時の貧困学生の中には売血（編注：自らの血液を有償で採血させること。献血が一般化した今では考えにくいが、当時の日本は輸血用血液の大部分を民間血液銀行が供給しており、その原料は売血で賄われていた）する者もおり、そんな貧困学生にとってみれば、「金額はたとえ少なくとも、奨学金は〝労せずして得る金〟の魅力は大きかった」と書かれている。そのため、奨学金の希望者は年々増加しており、当時の育英会の奨学生は大学、高校、大学院、通信教育合わせて16万人。ほかにも奨学金を支給する団体はあったが、事業規模は育英会と比べ物にならなかったことが書かれている。

血を売って授業料にするというのはなかなか衝撃的だが、物価はどうだったのか？当然、今とは異なるため、あくまでも参考程度だが、「国立大学学生ならば、家庭からの仕送りが二千円、育英資金を二千円、合計六千円位あればどうやら学業を継続できる」（育英会談）とのことだ。

その4年後の「週刊新潮」（新潮社／1957年2月4日号）の「貧しき学生におくる現代奨学金の育てるもの」を読んでみると、「現在、育英資金は、日本育英会が年間四十二億（国家借入）、民間約六百団体あわせて約七億、計約五十億の金が三十万人の学生のために使われている勘定である」と記載されている。

前出の「週刊サンケイ」の16万人は、ほかの団体を含めていないとはいえ、この記事を読むと4年程度で奨学生は倍近くに増えたようにも思えるが、同年の「オール讀物」（文藝春秋／1957年11月号）では「奨學金で勉強している學生は全部で二十二萬人」、「漫画読本ガイド」（文藝春秋／1958年3月号）でも「奨学生の総数は約二十二万」とあるので、育英会以外の団体で8万人もいたのだろうか？　ただ、どの団体も毎月の支給額は、2000〜3000円というのは変わらない。

1950年代・奨学金を借りる学生たちはヒドい言われようだった

ところで、この「週刊新潮」の記事は奨学生たちに対して辛辣で、育英会の庶務課長に「御本人たちは社会保障の一種だと割り切っていまして」と言わせ、地の文章では「昔のいわゆる苦学生を〝バイト学生〟に、また〝上から恵まれる給費生〟を〝権利として受取る貸費生〟に変ボウさせた（中略）終戦直後の経済的混乱期が日本人の頭をすっかり洗脳してしまったのかも知れない」と、奨学金を借りる学生にそこまで言わなくてもいいのではないか、という具合で罵っている。もし今、日本学生支援機構（JASSO）の関係者がこんなことを言えば、大炎上も間違いないだろう。

その後もアルバイトに明け暮れる貧乏学生の肩を持ったかと思えば、奨学金を借りる女子大生については「虚栄心から貧しいことを隠したがる心理傾向があること」「奨学資金をもらった女と結婚すると、借金を支払わされる」と、デタラメな物言いである。

その一方で、高度経済成長期前夜ということもあり、雅叙園観光の社長（当時）・松尾國三が私財を投じて作った育英会や、松下電器産業（現・パナソニック）や三井鉱山

（現・日本コークス工業）など民間からの育英会と、その後の企業による引き抜き（記事ではヒモツキ奨学金と喩えている）などもしっかりと紹介。それでも、最終的には「会社員という平均人間になりたがる若者が多い」世の中を偲んで、「英才を育てるはずの〝育英資金〟はいったいどういうことになるのだろう」と、嘆いている。会社員になることの何が悪いのか？　そして、奨学金に夢を持ちすぎではないか？　現代を生きる人間としては、そう思わざるを得ない。

1960年代・奨学金の「延滞問題」が報じられ始める

話を戻そう。50〜60年代の奨学金に関する記事を読む限り、近年インターネットを中心に幅を利かせている「奨学金地獄」報道の片鱗が出始めているような気もする。というのも、アルバイトに明け暮れる学生に同情したり、卒業後に毎月7000円も引かれるのは大変だ、というトーンの記事ばかりだからだ。それでも、「学生の数が多いから、育英会も貸与型も悪いわけではない」という論調でもあった。

そして、この時期から奨学生たちの、卒業後に奨学金の返済が滞る「延滞問題」が報じられるようになる。

「サンデー毎日」（毎日新聞出版／1960年9月4日号）の「奨学金21億円を返せ」で

は、奨学金の返済を延滞している者の家庭や職場に、直接〝集金Gメン〟を育英会が送り出していることを報じている。

記事によると「いままでも直接、集金におもむいたことは一度もなかった。外務員（編注：集金Gメンの正式な名称）制度は、あくまでも不良貸付を解消するための新しい措置」と紹介。どうやら、延滞金の督促が本格化していくのは、60年代後半以降のようだ。

一方、集金Gメンの存在が新聞などで報じられた結果、ニセのGメンが出てきて詐欺事件も横行していたという。立場の弱い人間をカモにした詐欺は到底許されるはずがないが、それでも、延滞者の中には5年間以上も返済していない、〝札付き〟もいたようなので穏やかではない。

それでも見方を変えれば、この当時から「特別猶予」や、実際に外務員が督促に行っても、猶予してもらえるケースもあったようだ。さらに、こうした延滞問題を解決すべく、1959年から銀行口座に預金しておけば、自動的に育英会に振り込まれるシステムも開始されたという。

しかし、この記事から3年後の「週刊朝日」（朝日新聞出版／1963年4月12日号）には「44万人がコゲつかせた38億円」という記事があり、延滞金額が短期間で倍近くに増えている。

記事によると1963年3月28日に育英会が、奨学金を借りっぱなしにしている43人に対して、簡易裁判所を通じて強制取り立てに踏み切った翌日以降、朝から延滞者たちが返済のために育英会本部に飛んできたという。ただし、記事によると、この強制取り立ての報道以前から、育英会は内容証明付きの督促状はすでに送っていたようである。

このように、60年代に入ると、奨学金の返還率が悪化したことで、貸している側の育英会が責め立てられる論調の報道が目立った。というのも、奨学金は国の予算から賄われているからである。

とはいえ、やはり悪いのは返さない奨学生という論調で、1948年に奨学金を借りた学生の中には「今に革命が起これば、帳消しになる」という、楽観的なのか、革新的な考えを持つ者も多数いたと報じられている。

つまり、60年代というのは「奨学金を返済しない卒業生」に加え、国民からの「血税」をうまく回収できない育英会も、批判の矢面に立たされていたようだ。それでも、この頃の奨学金はまだ、せいぜい月に2000円程度である。

他方で、60年代っぽい報道といえば「サンデー毎日」(毎日新聞出版／1968年2月4日号)の「奨学金ハンストと三人の外大生」を紹介したい。記事によると「羽田事件」という学生運動に参加した学生が、「暴力的な集団行動に加わるような人物に、奨学金は支給できない」と、育英会から奨学金を打ち切られたという。

　それに反対する形で奨学金を打ち切られた東京外国語大学の学生と、仲間の寮生たちがハンガーストライキを決行。学生運動真っただ中ということもあり、さもありなんという感じだが、当時の東京外語大学の学生部長や、東京大学の大河内一男総長も横浜国立大学の学生部長も「育英会のやり方はおかしい」「非常に困惑している」「やり方が一方的」と、思いのほか、学生側の肩を持っていたのが面白い（ただし、この年の10月に発生した日大闘争中に機動隊員の殺害事件が発生しているので、その後は見方も変わったのかもしれない）。

1970年代・「奨学金をうまく使おう」という記事が増える

　70年代に入ると、大学進学率がグンと伸びたこともあってか、「奨学金をうまく使おう」といった具合の記事が増えてくる。

　例えば「週刊読売」（読売新聞社／1972年1月22日号）の「奨学金制度を活用しよう！　その応募のコツと全国大学の奨学制度」は「奨学金――これこそいささか貧弱だが期待に応えてくれる〝打ち出のコヅチ〟である」と、随分と大げさだ。記事を読んでみると、この頃で約3万人の学生を対象に毎月3000円で、1971年度採用の場合、私立大学の学生はプラス2000円で5000円、芸術専攻科奨学生だと1000人の応募で8000円支給されていたという。

さらに、当時は〝特別奨学金〟と呼ばれる「特別貸与奨学金」が存在した。これは高校時代の成績優秀者を対象にし、自宅から通学するか、下宿するかで借りられる金額も変わり、そのうえで一般の貸与型の奨学金よりも借りられる金額が高いものの、一般の貸与型の奨学金相当の金額を返済すれば、残額返済は免除されるという、今からすると、よくわからない基準の制度があった。

ほかには、今でも看護師など医療従事者向けに奨学金を借りても卒業後に指定の病院で働けば、奨学金の返済が免除される修学資金制度があるが、この当時は教職員や研究職など、特定の職業に就くと返済が免除されたり、返済完了までの一定期間内に残額を一括返済すると「報奨金」が支払われたりするということもあった。

ちなみに、この記事では各私立大学の給付型と貸与型の奨学金を、表にまとめて紹介しているが、それにしても年間3万円から最高でも給付型奨学金で年間10万円程度である。今と物価が違いすぎるため、正直安すぎるとしか思えない。

さらに、「週刊サンケイ」（産業経済新聞社／1978年2月9日号）の「父兄のための入試対策　借りなきゃ損といわれる奨学金から進学ローンまでのすべて」では、銀行から借りる「進学ローン」が奨学金の代わりとして紹介されている。

当時は住宅ローン、消費者ローン、のれん分けローンなどが台頭し始めていた時期のようで、進学ローンは「学費高騰で借金をしなければならないような人たちが多くなってきた」ことにより、出現したとされている。

この頃は物価の上昇も相まってか、奨学金の貸与月額は1万5000〜1万7000円と、2000円の時代から一気に高騰。ただ、「それにしても、月一万六千円前後では授業料にもならない（国立は別だが）」らしく、当時の育英会の広報部長も「ほんとうにお困りの方が奨学金を受けて学校を出るのは、今の制度では難しいのは確かですね」と匙を投げる始末。ただ、この当時の学生の一般的な学費と生活費を合算した平均額は4年制大学で74万円だったようなので、やっぱり今と比べると安さの次元が違うように感じてしまう。

そこから、この記事では1978年から登場した進学ローンを有効活用すべし、という方向に話は転がるのだが、その額は急に現代的になり、数百万円の借り入れを推奨している。この当時の育英会の奨学金の金利は記事を読む限りは不明だが、銀行の進学ローンは7・5〜8・9％と、現在の第二種奨学金（有利子）の0・3％と比べると、とてつもなく高い。ただ、この頃は現在で言うところの無利子の第一種しかなかったため、第一種の審査が通らなかった者に活用されたと思われる。

1980年代・「バブリーな奨学金生活」への批判

80年代はバブル期の真っただ中である。そのため、記事の内容も「活用」から「豪遊」へと変化している。

例えば「週刊プレイボーイ」（集英社／1983年4月12日号）の「あの九大院生刺殺事件で露出した――年間・ひとり400万円　現代大学院生たちの〝甘い〟奨学金ライフ」という記事は、「優雅な大学院生の奨学金ライフをレポートしてみる」という内容。

いくら、高度経済成長期とはいえ、奨学金で豪遊なんてできるのだろうか？「大学院生には奨学金が1人につき年間400万円近く出るんです。大学院生同氏のカップルができ上がると、2人合わせて800万円の奨学金がおりてくる。周囲から見れば羨望の的なんですよ。彼女も『これだと結婚の持参金もいらないわね』と冗談を飛ばしてましたよ……」という、ウソみたいな文章から始まるこの記事では、当時の大学院生は育英会と日本学術振興会から支給される奨学金で「大学院ってパラダイスみたいなところですよ！」と息巻く内容。時代の流れなのか、今だと学振を申請するには相当ハードルが高い気もするのだが、とにかく「奨学金は無利子のローン」と強調されている。

挙げ句の果てには宝石店の子が、親から毎月6万円の小遣いをもらいながら、奨学金ももらって、海外旅行に行ったという友人談も掲載。それでも、これは「現行の奨学金システムの問題点のひとつ」と言い放っている。

ただ、この問題点とは別に、現行の育英団体が出す奨学金は成績重視ということで、一部の一流大学の学生に奨学金の支給が集中していて、三流大学の学生は枠が狭められるという、今なお続く問題点がしっかりと強調されているが、その締めが「奨学金が必ずしも本来の目的に沿って使われず、恵まれた階級の遊興費、レジャー費になりつつある――」なので、極端な主張の気もする。

しかも、「サラリーマンになるくらいだったら、2年間奨学金をもらって適当に遊んでたほうがラクだから大学院に進んだんですよ」と、大学院をプレイランドやらカルチャーセンター呼ばわりである。さすがにそんな大学院生はいないのではと思わなくもないが、ちなみに、この記事が出た翌年の1984年というのは、それまで一般貸与と特別貸与に区別されていた2種類の奨学金が「無利子貸与奨学金」として一本化されると共に、特別貸与返済免除制度が廃止され、第二種奨学金が出現する転換期でもあった。

1990年代・不況とともに奨学金報道もシビアに

そんな楽観的な時代から急転して、90年代初頭にバブルが崩壊すると、同じ大学院生の奨学金に関する記事でも、トーンは大きく異なってくる。

「ＡＥＲＡ」（朝日新聞出版／1992年3月10日号）の「奨学金で苦しむ学者の卵」では大学院博士課程まで修了したものの、オーバードクターで研究者としての定職が見つからずに、子育てと仕事に追われながら、毎月2万円弱の奨学金を返済している女性が登場。

記事の途中までは本書に収録した、最近の奨学生たちのインタビューのようだが、今と違うのが「日本育英会の奨学金は、指定された教育職や研究職に一定年数在籍すると、奨学金の返済を免除される制度になっている」こと。

そのため、記事に登場する女性は大学教員という定職を見つけたいものの、当時は非常勤の教員も免除職だったため、「ここまで返済額が嵩んでくると、やっぱり免除の魅力にもひかれてしまう」と、なかば夢諦めた思いを漏らしている。

ところで、1997年には教員職、2004年に研究職の特別貸与返済免除制度が廃止されてしまうのだが、記事に登場した女性はそれまでに、大学教員の定職を見つけられたのだろうか？

2000年代・JASSOの取り立てが大きな問題に

2000年代に突入するまでは、高校時代の成績が第一種と第二種の審査の選定基準となっていたのだが、1999年に第二種奨学金は「きぼう21プラン奨学金」と名称が変更され、高校時代の成績とは異なる評価基準が設けられた。これによって、貸与人員が大幅に増え、申請すればほとんどの確率で奨学金を借りられるようになった。

しかし、それも2003年には元の第二種奨学金に名称が戻った。確かに、有利子のほうに「きぼう」という文字が含まれることに違和感があるのは間違いない。

そして、翌年の2004年には育英会を含む5つの団体が合併し、「独立行政法人日本学生支援機構（以下、JASSO）」が設立される。

ここから奨学金に対するイメージが大幅に変化する転換期となり、奨学金と言えば「JASSOによる第一種（無利子）と第二種（有利子）」という認識となった。

そんな中、40年前の「返済延滞問題」が再び取り沙汰される。「読売ウイークリー」（読売新聞東京本社／2003年3月16日号）の『日本育英会』で奨学金1500億円の焦げ付き」という記事では、2001年度末の延滞負債が1562億円に膨れ上がったことを報じている。

前出の記事で1960年には21億円、1963年には38億円と報じられていたように、結局奨学金の返済を延滞している者と負債額は毎年増え、同記事によると「1980年度には570億円だったが、バブルが崩壊したころから雪だるま式に増え、97年度末には1000億円の大台突破。その後も、99年度1263億円、00年度1424億円と増え続け、01年度には、とうとう1500億円を超えてしまった」とのこと。

やはりデフレ経済で給料が安かったり、卒業してもフリーターだったり、自己破産してしまったりと、返済の目処が立たない者が大勢いるという。それでも、育英会の督促は緩く、「督促通知のはがきは、時々届く程度」だったらしい。結果として、育英会自体が総務省から財政の健全化を図るように勧告されたのだとか。

さらに、4年間で借りる奨学金の額が、かつての月2000円程度から、数百万円に膨れ上がり始めたことで、「週刊読売」(読売新聞社/2000年2月6日号)は「学生がハマる教育ローン地獄　総額700万、卒業後20年払い」という記事で、奨学金と教育ローンの両方を借りている学生の例をいくつか紹介。

記事中では、大学運営に詳しい蔵原清人・工学院大学教授が「大学には行かせてやりたいが、不況やリストラで学費が払えない、という親が増えています。うちの学校だって200万~300万円の借金を抱えている学生はゴロゴロいるはずですよ」とコメントするなど、不景気の煽りを受けた結果、もはや教育関係者も奨学金を完全に「借金」という認識になってきた。

そして、前述のように2003年に「きぼう21プラン」も第二種奨学金となり、翌'04年には研究職を対象とした奨学金返済免除制度が廃止される。このことを当時、北海道大学大学院の教育学研究院　教育学研究科助手だった光本滋（現・同大学准教授）は『世界』（岩波書店／2003年6月号）の「債務者としての『自立』を強いる奨学制度改革」という記事で「従来、『国家及び社会に有為な人材の育成』と『教育の機会均等』を合わせ、『育成奨学』と表現されてきた日本育英会の事業は、全面的な学生ローンに様変わりする」と表現している。

さらに、2008年11月、奨学金の延滞問題に限界がきたのか、JASSOは個人情報機関（全国銀行個人信用情報センター）に加盟したことで、奨学金の申請には「個人信用情報機関の取り扱いに関する同意書」が必要とされ、つまり返済が遅れたりした場合は「ブラックリスト化」されることになった。これによって例えば、支払いが3か月遅れると、クレジットカードの契約や、家のローンが組めなくなる可能性が出てきた。さらに、10年度以降からは滞納が4か月以上続くと、回収が債権回収会社に委託されるようになる。

『週刊金曜日』（金曜日／2009年9月25日号）でジャーナリストの平舘英明は「延滞

負債の回収強化策は、担保を持たない学生から『借金』（奨学金）を確実に取り立てるシステムの構築であり、学生を『儲け』の対象にする新たな教育ローン市場の開拓に向けた布石ともいえる」と指摘している。

2010年代・有利子がすっかり一般的に

リーマンショックに加え、2011年には東日本大震災もあり、いよいよ不況が止まらないが、大学への進学率は急増。

そして、60年代には一大ニュースとして報じられた、奨学金滞納者に対する訴訟は、起訴には至らないものの、督促状が届いて裁判所で和解に応じるケースも増えていく。ジャーナリストの樫田秀樹による『世界』（岩波書店／2011年11月号）の「奨学金なのかサラ金なのか」という記事によると、JASSOの支払督促に異議申立して訴訟に移行した事例が04年度は58件だったのが、08年度には1504件、09年度値には4233件に急増。ちなみに、09年度に返還しない可能性がある「3か月以上の滞納者」は約21万1000人もいるという。

かつて、奨学金は無利子の第一種しかなかったわけだが、1984年以降は有利子の第二種奨学金もあり、JASSOは独立行政法人化したことで、「財投機関債」という債券の発行が可能になった。

つまり、国民から集められた税金から奨学金を捻出するだけではなく、JASSOも銀行から奨学金用の融資をしてもらえるようになり、それが第二種を形成し、融資への利息の原資は奨学金というわけだ。これが、見出しで煽られた「金融が奨学生を支えるのか、奨学生が金融を支えるのか」ということである。

そのため、同記事の中で取材に応じたJASSO労働組合の書記次長は「樫田さんの大学時代にはなかった有利子奨学金は、いま、奨学金の四分の三を占めるんです」「有利子化が進んだ結果、橋本行革前年の九八年、育英会予算は第一種が七六%、第二種が二四%だったのが、今年度（二〇一一年度）はまったく逆。二四対七六」と証言している。

借りられる額の増加とそれに伴う卒業後の負債の大きさ、第二種という有利子の出現、そして延滞者への厳しい督促……。以上のようなことが不景気に重なったため、「奨学金＝借りると怖いもの」というイメージ形成につながったと考えられる。

2020年代・借りることが「当たり前」の時代に

奨学金について、暗いイメージがつきまとう中、2017年からJASSOでも「給付型奨学金」が創設される。とはいえ、まだまだ貸与型の奨学金がメインであり、「サンデー毎日」（毎日新聞出版／2020年11月8日号）の「ここがヘンだよ奨学金」によると、2019年に第一種を借りた人員は56・8万人で3577億円だったのに対し、第二種を借りたのは70・2万人で6142億円と、完全に第二種を借りる者が主流となった。もちろん、併願している者も多いのだろうが、奨学生がとうとう100万人を超えるようになったのである。

さらに、2018年度には大学生の47・5%がJASSOをはじめとした機関から奨学金を受給しているように、進学率の上昇と共に、奨学生も毎年のようにどんどん増えている。

そのため、『サンデー毎日』（毎日新聞出版／2021年9月19日号）の「全国有名286大学　返済不要！　奨学金一覧　コロナの『減収』に負けない　賢く生かしたい『経済支援』という記事のように、これまでも各大学が提供している奨学金を見開きページで紹介する記事はあったが、調べる限り20年代以降は奨学金の返済延滞を煽るというよりも、どこから借りられるのかを紹介する記事が急増していた。つまり、それほどまでに大学進学に際しては奨学金が身近なものになったということだろう。

このように70年という短いようで、長い年月をかけて、奨学金の報道というのも、大きな変遷をたどってきた。奨学金を借りる学生に対し、批判的な見解を述べる年長者はいつの時代にもいることがわかっただろう。

確かに、「返済の延滞」という問題は不景気が続く限り、しばらくは続くだろう。それよりも、今後はどこでどのような奨学金が無利子か有利子、あるいは給付されるのかという記事が充実していくと考えられる。

第4章

［対談］日本の奨学金制度の問題点、そして今後

奨学金を借りたことで人生がどのように転ぶかは、その者の行動次第である。そして、奨学金を借りる／給付してもらう人の数と支給額は年々増え続けているが、さまざまな問題も浮上しており、現行の奨学金制度が果たして正解なのかは疑問が残る。

そこで、ＹｏｕＴｕｂｅで奨学金に関する動画を多数投稿している、地方私立大学の奨学金担当大学職員である水戸康徳氏と、奨学金サイト「ガクシー」を運営する株式会社ガクシー代表取締役の松原良輔氏の2人に、今の奨学金のあり方について話し合ってもらった。

水戸康徳（みと・やすのり）

［地方私立大学職員・ＹｏｕＴｕｂｅｒ］

学生課のカウンターで日々、学生の奨学金関係の手続きやサポートをする一方で、奨学金を借りた卒業生の延滞率を下げる取り組みを続けている。２０２０年から「サツダイ奨学金担当」というＹｏｕＴｕｂｅチャンネルを開設し、所属大学の学生に向けて奨学金に関する「お役立ち動画」を投稿。他大学の学生や、学生を支える家族、職員からも多く視聴されている。

松原良輔（まつばら・りょうすけ）
［株式会社ガクシー代表取締役］
　慶應義塾大学卒業。三井化学株式会社にて経営企画、採用業務に従事した後、２００８年に海外採用のスタートアップベンチャー・ジョブテシオ株式会社を創立。２０１７年に同社を売却。２０１９年に奨学金情報サイトの「ガクシー」と、奨学金の業務管理システム「ガクシーＡｇｅｎｔ」を提供するベンチャー企業・ＳＣＨＯＬ（スカラ／現・ガクシー）を立ち上げる。

奨学金制度は「目次のない辞書」？

千駄木雄大（以下、千駄木）　メディアにおける「奨学金の専門家」という存在は、片手で数えるほどしかいないといっても過言ではありません。そんな中、今回は奨学金に関する情報をインターネット上で発信されているお二人にご登場いただきました。水戸さんは「奨学金ＹｏｕＴｕｂｅｒ」として日本学生支援機構（以下、ＪＡＳＳＯ）の資料をわかりやすく噛み砕いた動画を投稿しており、松原さんは学生が自分の条件に適した奨学金の一覧が掲載されているサイト「ガクシー」および奨学金業務管理システム「ガクシーＡｇｅｎｔ」を運営されています。早速ですが、今の奨学金をめぐる状況については、どのような印象を受けられますか？

水戸康徳（以下、水戸）　まず、大前提として今の大学生の2人に1人は、奨学金を借りている状況で、奨学金を利用する人の割合は年々増え続けてきました。

千駄木　「大学全入時代」とは言われていますが、もはや大学生の半分は奨学生なのですね。ただ、その分、学生たちの間で、将来の奨学金の返済の苦労なども伝わっているのでしょうか？

水戸　現状では日本全国の学生たちが全員理解しているわけではなく、まだ一部の学生に限られています。ただ、奨学金を「正しく認識している学生」は少ないですが、「正しく認識したい学生」は非常に多く、その数は年々増えている印象です。しかし、奨学金制度について詳しく教えられる「奨学金制度について理解している存在」というのが、学生たちの周囲にはいないのが現実です。例えば「給付型の奨学金って、返済不要なんですか？どんな形でも、奨学金に返済義務はあるのだと思っていました」という声も、いまだに聞かれますね。

千駄木 そこから、水戸さんは奨学金に関する情報をインターネット上で発信するようになったわけですね。

水戸 2020年の春から、YouTubeで「サツダイ奨学金担当」というチャンネルを開設しました。時期的には当然、新型コロナウイルスの影響もありますが、それ以前から奨学金に関する説明会の時間が短くて、あまりにも複雑な制度の内容を伝えきれなかったため、動画で案内することにしたんです。

千駄木 奨学金に関する知識が正しく広まっていないのは、返済当事者たちを取材していても強く感じることです。そして、過去を紐解いていくと必ずと言っていいほど、「高校で開催されたはずの奨学金の説明会を覚えていない」という現象にたどり着きます。

水戸 なるほど。その理由としては、奨学金の説明会というのは、JASSOの職員が全国で講演をするわけではなく、基本的に学校の先生がしていることが影響しているでしょう。これは後述しますが、JASSOは職員の数がそもそも少ないので、全国各地に足を運んで奨学金について説明するのは不可能なんですよね。その代わり、JASSOは高校の先生や大学の教職員向けに「奨学金説明会」の研修を行っていて、高校の先生や大学の教職員はＪＡＳＳＯの委託を受けるような形で、説明会をやっているんですね。

千駄木　だからこそ、説明会の充実度やフォローの手厚さは、先生や職員の熱量に依存してしまうんですね。それでは、大学職員という立場から見て、現在の奨学金制度は、学生たちを支援する制度として成り立っていると思われますか？

水戸　制度そのものは悪いものではないと思います。借りる人数自体が多いため、どうしても返済で苦労する人もいて、メディアにはそういったトラブルはピックアップされがちですが、実際はトラブルに至らずに、淡々と毎月返済している人がほとんどなんですよね。

千駄木　奨学金のネガティブな面を強調しすぎる危険性は、私も連載を通じて訴えているポイントです。もちろん「返済すべき借金」が増えているのは事実のため、そこを軽んじるのもよくないし、制度面の改善も重要ですが、そもそも大学に行くことで生涯年収が増えるなど「自分への投資」につながる面もあるわけですよね。

水戸 その一方で「奨学金制度が、理想的な形で運用されているか？」はまた別の話だと思います。これは私が常々思っていることですが、現状の奨学金制度は「頭のいい人が考えた制度」なんですよ。奨学金制度を使う人たちが、確実にＪＡＳＳＯの資料を端から一文字も漏らさずに読み、そのすべてを完璧に理解したうえで、常に最善の速度と方法で動くことができれば、非常に充実している……そんな感じなんです。

千駄木 なんだか「俺の考えた最強の制度」というか……。

水戸 実際のところ、そんな複雑な制度を現実的に使いこなせる人なんてそう多くはないんですよね。奨学金制度の資料はすべて提示されていますが、「情報整理は各自で勝手にやってください」という状態です。例えるなら「目次のない辞書」のような状態なんです。だから結局、私がやっているのは「ＪＡＳＳＯの発信している情報を、普段遣いの言葉に翻訳すること」なんですよ。

千駄木 具体的に言うと？

水戸　ＪＡＳＳＯには「すべての情報を全員に平等に提供する」という特徴があります。例えば奨学生が１００人いたとして、そのうちの１人にイレギュラーなケースが発生したとしても、情報を並列して記載するんです。「このケースは該当者が少ないから、補足情報として書こう」ではなく、最初から「このケースでは、Ａ～Ｃいずれかのパターンがあり、さらにそれぞれ複数のパターンがあり……」となります。それは、ＪＡＳＳＯが独立行政法人という、半分は国の行政が関わっているような形のため、立場的にも情報をフラットに出しているのでしょう。

千駄木　その結果、ＪＡＳＳＯのホームページを読むだけでも一苦労なんだということですね。学生が置かれた状況も十人十色ですから、それぞれに対応しているとキリがないのもわかります。しかし、そうは言っても個別のケースにもしっかりと対応してほしいものです。ちなみに、水戸さんは学生課の職員という立場では、学生たちからどのような質問を受けることが多いのでしょうか？

水戸　時期によって変わりますが、入金に関わるものがメインです。また、年度末や学期末になると「単位落とした」「欠席しすぎた」といった「この成績で奨学金は打ち切られないでしょうか？」という質問は、窓口に限らず全国的にも非常に多く寄せられますね。

千駄木　それは、むしろ微笑ましい光景（？）ですね。

水戸　特に給付型奨学金の継続基準は厳しめに設定されていることもあり、他の学生より敏感にならざるを得ないんです。他には、「増額の手続きがわからない」や「いつから、いくら入るのか」などの質問もよく受けます。学生にしてみれば、急に毎月振り込まれていた奨学金がなくなったり、入学時点で奨学金という備えがないと不安ですからね。当たり前のことですが、学生たちにとって奨学金は学生生活の根幹を支える足場みたいなものなので、万が一にも止まってほしくないし、ハシゴを外されてしまっては生活が成り立たないんです。

給付型奨学金は浸透するのか？

千駄木　この本を読んでいる読者のほとんどは、奨学金というものは社会人になってから返済するものというイメージがあると思います。しかし、２０１７年にＪＡＳＳＯが「給付型奨学金」を新設し、２０２０年には「大学等における修学の支援に関する法律」の施行によって、給付型奨学金制度はこれまで以上に拡大されています。だからこそ、Z世代の中には「奨学金＝返済不要のものもある」という考えを持つ者がいてほしいところですが、実際のところ、どれだけ給付型奨学金が増えたのか、松原さんに解説していただきましょう。

松原良輔（以下、松原）　私どものサイトで取り扱っている数で言いますと、給付型奨学金は各大学独自のものを含めて８５００件ぐらいあります。そして、教育機関以外の民間企業や財団が支給しているものは確実に２０００～２５００件。この民間企業や財団の奨学金は、私どもがまだ把握しきれていないだけであって、実際のところまだ１０００件以上あるのではないかと思います。

千駄木　そんなに数が多いのかと、シンプルに驚きました。

松原　もちろん、給付型奨学金を用意する裏には、それぞれの狙いがあります。例えば民間企業による給付型奨学金は、企業のイメージ向上や採用強化、販売促進などの目的もありますし、最近では生徒募集を目的に用意する、専門学校や留学斡旋学校も増えている印象です。

千駄木　個人的には給付型奨学金が増えることは喜ばしい流れです。例えば２０２１年には、メルカリＣＥＯの山田進太郎氏が立ち上げた財団による、理系の女子高生を対象にした給付型奨学金制度も話題になりましたよね。しかし、現役学生に話を聞いていると、やはり現状はまだまだ「狭き門」だと感じます。

松原　おっしゃる通りでしょう。採用人数も限られていますし、さまざまなハードルが存在します。中でも親の所得制限や世帯年収の判断基準が厳しくて、しかも額面だけで判断されてしまう面がある。

千駄木　高校生の読者向けに補足すると、額面というのは簡単に言えば「給料の総額」のことです。そこから税金や社会保険料など諸々が引かれたのが「手取り」で、人によってはさらにそこから「住宅ローン」や「車のローン」が優先的に引かれます。そうして残るのが、実際に使えるお金です。その結果、年収１０００万円の家庭でも、税金や社会保険料で年間３００万円消え、諸々のローン返済で２００万円消え、実際に使えるお金が５０

0万円という場合もあります。そうなると、もはやローン返済のない世帯年収700万円の家と、年収1000万円でもローン返済がある家では、使えるお金が変わらなくなったりもします。

松原 そのため、本来はそういった細かい条件を反映した「本当の実力」を基準にするべきなのですが、残念ながらそういったものは基本見てもらえないんです。ほかにもきょうだい構成をチェックされたり、さらにJASSOなどほかの奨学金との併用ができなかったりするケースもあります。

日本とどう違う？ アメリカの給付型奨学金の実態

千駄木 過去の奨学金に関する報道やSNSのコメントを見ていると「日本も欧米を見習って給付型の奨学金を増やすべき」という声が多数見られます。実際のところ、日本の給付型奨学金は、世界と比べると後れを取っているのでしょうか？

松原 そうですね。海外と比べると、圧倒的に支給する金額、団体、種類、受給者は少ないと思います。例えば、アメリカには5万〜10万種類の給付型奨学金制度がありますよね。

千駄木　先ほど、日本の給付型奨学金に対して「そんなにあるんだ」と言いましたが、その数倍もアメリカにはあるんですね。

松原　もちろん、教育に対する価値観は国によって大きく異なるため、単純な比較はできないですけどね。例えばヨーロッパ、特に北欧の国々の場合は、奨学金制度そのものがあまりなかったりします。これは学生に対して無慈悲というわけではなく、そもそも教育が福祉の一環と受け止められていて、大学の学費が無料であったり、日本と比べて圧倒的に安く、奨学金がそこまで必要とされないからなんです。

千駄木　当たり前ですが、奨学金は学費との兼ね合いで、学費が安ければ借りないで済むケースも少なくないですもんね。

松原　そのため、「海外」と広く言っても比較対象は「アメリカ」ぐらいでしょう。そして、そのアメリカの場合は奨学金が「ビジネス」になっています。奨学金や教育ローンが、日本のクレジットカードや銀行ローン以上に種類が豊富に存在するし、「A社の金利は4%ですが、B社は3%なのでここに乗り換えましょう。その代わりに、手数料を少々いただきます」と言ってくる、借り換え専門の仲介業者すらいるんです。

千駄木　なんというか、資本主義を突き詰めた感じですね。

松原　もうひとつ、アメリカの給付型奨学金の特徴として、「寄付文化」が根強いことも挙げられます。アメリカ人は「奨学金や寄付のおかげで育ったと実感する人」がたくさんいて、「自分が将来成功したら、自分が受けたのと同じように後輩たちに寄付してあげよう」という文化ができ上がっているんです。その寄付金が大学の運営だけではなく、奨学金の総量の底上げにつながっています。背景には税制面での後押しもあって、アメリカなので細かい条件は州によって異なりますが、「納税か？　寄付か？」を選べるんですね。そうなると、自分を育ててくれた大学などの教育機関に、奨学金として寄付することを選ぶ人も増えますよね。

千駄木　企業や財団だけでなく、個人の寄付金も奨学金の拡充に貢献しているんですね。

松原　以前、ハーバード大学の職員とお話しさせていただいた際、「世帯年収2000万円以上の家庭の９割は、奨学金か大学に寄付をしている」と話していました。現在（座談会実施時。２０２２年９月）は円安なのでもっと高額になりますが、当時はそれぐらいがアメリカでは「余裕のある世帯」のベンチマークだったんです。

千駄木　円安の今だと２５００万円ぐらいでしょうか？　その額を提示されると、余裕を感じますよね。

松原　さらにもうひとつ、アメリカ人の中には「次世代への投資」という観点もあります。現地の方と話していて驚いたことですが、彼らは本気で「若者に投資することが、より良いアメリカをつくることにつながり、そしてそれは、自分たちが年老いたときに還元されるはずだ」と考えているんです。

千駄木　開拓者精神を感じるエピソードですね。でも、一方でそれは、奨学金が給付型しかない国ならではの発想なのかとも感じます。実際、「奨学」金なので本来は「貸与」という制度も変な話ですが、それがこれまでの日本の奨学金制度だったので、アメリカと比較するのは困難ですね。

松原　そうですね。日本の場合は戦中から戦後にかけて「貸与を中心にした、日本独自の奨学金制度を作ろう」というのがスタート地点にあるので、いまだに貸与です。なぜ、アメリカのように給付型ではないのかというと、「なるべく公平に」というスローガンのもと、ひとりでも多くの人に奨学金を支給しようという思いが強かったからです。戦前の師範学校で、軍部の上流階級の子息たちが奨学金で学費が無償だったことに対するアンチテーゼで、ＧＨＱが教育をすべての国民に平等に推し進めた……という話もあります。まあ戦後なので財源に余裕がなく、貸与型しか選択肢がなかったという面もあるでしょうけどね。

千駄木　始めた当初はよかったかもしれませんが、年月が経って今の時代には合わなくなっているんですね。アメリカと違って学生数がどんどん少なくなっている日本では、今後学費が上がっていくのも間違いありません。というのも、２００４年に国立大学が独立行政法人化されて、自分たちで採算を取らないといけなくなったことも背景にあります。学費を上げないと運営が成立しないということで、北欧のように、もはや日本では教育は「福祉」ではなくなったということですね。

松原　日本の奨学金制度というのは貸与型がほとんどですが、貸与と言っても利率はかなり低いため、制度としては成り立っているとは思います。ただ、問題の本質は「家庭と国、どちらが学費を負担するのか？」ということなんです。残念ながらご指摘の通り、日本の大学の学費は今後もしばらく上昇が続くでしょう。今はその過渡期というか、「そろそろ貸与だけではまかり通らなくなる、歪みが生じている」段階なんだと思います。

千駄木　学費や物価はどんどん上がるくせに、アルバイトの最低賃金などはアップしないし、そんな中で毎月もらえる奨学金もせいぜい十数万円ですから、なんというか本当に日本という国が年々貧しくなっている印象を受けます。

松原　そもそも、諸外国と比べても、日本の大学の学費は高いですからね。日本の奨学金制度について海外からの留学生に話を聞くと、「援助や支援でもないし、何なのこれ？」と言われたこともあります。というのも、例えば、欧米では企業がインターン制度で雇った学生が、長期間働いてくれたら時給もそこそこアップしてくれるし、ボーナスどころか、その企業が支給している奨学金を受給できることもあります。そして、そういう高額な奨学金を支給してくれる財団や企業を斡旋してくれるような部署が、アメリカの大学には各自あるんですよ。

奨学金に関するサイトは令和までなかった？

千駄木 そんな中、松原さんが代表を務める株式会社ガクシーは、給付型奨学金を紹介・応募ができるサイト「ガクシー」を運営されています。学生たちが抱える奨学金に関する不満を、公共ではなく民間から解決する事業だと思うのですが、「ガクシー」以前は「奨学金の一覧を掲載したサイト」というのは存在しなかったそうですね。この社会課題に取り組むに至るまで、どのような経緯があったのでしょうか？

松原 「日本の将来を担う若者の環境が、海外に比べると金銭的に差がついてしまっている」という気がして、「今の若者を助けることはできないのか？」と思ったのがきっかけです。究極的に言えば、学費が全額無償になれば奨学金は要らないし、「ガクシー」も不要になるわけですが、どう考えてもこれからの景気で学費が安くなったり、欧米並みに政府が教育に予算を割いて、学費を無償化することは考えにくいですよね。そこで、今の日本の奨学金制度をなんとかしたいと思ったわけですが、その制度を改めて見ていくと、それはやはり社会課題のひとつになっていて、「情報が行き届いてない」とか「管理する側もアナログで、効率的ではない」といった部分が目立ったんですね。

千駄木　確かに、これまで話していただいたような課題を減らしていくのは、ビジネスという点だけではなく、社会的にも重要なことですよね。

松原　多分、水戸さんもご経験があると思いますが、自分たちの活動について、学生、大学の奨学金担当、奨学金を支給したい財団の職員の方から感謝の声を数多くいただいております。ちなみに、ほかの大学の職員の方とお話しする際も、まずは水戸さんのYouTubeチャンネルの話から始まりますね。

水戸　ありがとうございます（笑）。でも、確かにほかの大学の職員から「水戸さんの動画を奨学金の説明会で紹介していいですか？」と言われることもあります。

松原　このように私どもや水戸さんの活動の甲斐あって、これまで全員に均一に届けられなかった奨学金に関する情報が、今はフラットに届けられている気がします。その結果として、今では奨学金を受け取る側の学生だけではなく、奨学金の運営をしている民間企業、財団、大学組織にもいい影響を与えていると自負しています。

千駄木　給付型奨学金が増えれば、学生たちは今まで以上に学業に集中できるわけで、長期的なメリットは計り知れないと感じます。まさに「時は金なり」を地でいってますね。

松原　だからこそ、我々としてはオンラインサイトの「ガクシー」から手軽に申し込める、奨学金の種類を増やすことが、今後の一番の課題だと思います。すでに一部の財団ではガクシー経由で申し込みが始まっていますが、今は民間企業や財団の比率が高いので、これからは大学法人の比率も高めていきます。また、弊社は2022年にみずほキャピタル株式会社様から投資という形でご支援をいただくことになったので、タッグを組ませていただきながら「一括応募」や「振込代行」を考えるようになりましたが、実現にはまだ時間がかかります。そのため、まずは奨学金の応募から申請、支給管理のすべてを今後は「ガクシー」「ガクシーAgent」内で完結させたいですね。我々の理想とするモデルは「奨学金界のリクナビ・マイナビ」なんです。

水戸　そういう意味で言うと、「ガクシー」は奨学金に関するさまざまな情報をインスタグラムで紹介されていますが、これは本当に高校生に伝わりやすいと思います。もはや、インスタグラムやTikTokでもなければ、若者に情報というのは届かないと言っても過言ではないですから。彼らにとってのポータルサイトはSNSなのです。「ガクシー」と同じことをほかの財団や大学の職員たちにやってもらうのは相当荷が重いので、こうした若者向けの普及活動を「ガクシー」が一手に引き受けているのはありがたい限りです。

いまだに学生たちによる奨学金のイメージは悪い

千駄木　大学に通う2人に1人は奨学金を借りる時代になったわけですが、一方で親の世代から「奨学金を借りるのは貧困世帯」というイメージはいまだになくなっていません。

松原　以前、水戸さんと話していて納得したのは、「奨学金を借りていることを恥ずかしいと思っている学生は、いまだにすごく多い」ということです。奨学金に関する情報も本当はSNSでフォローしたいけど、友達にバレると恥ずかしいと思うようです。最近は弊社のインターン生たちに、私のツイッターアカウントをフォローしてほしいと言っているのですが、やっぱり私のアカウントのプロフィールに「【奨学金スタートアップやってます】」という記述があるせいか、「奨学金とプロフィールに書いてる人をフォローすると、友達にバレた時に恥ずかしいから嫌です」と断られてしまいました。一応、私はインターン先の雇い主なのに……。まあ私の人望がないだけかもしれませんがね（笑）。

千駄木　それは松原さんの人望がないとかいう話ではなく、若い子はツイッターで勤務先のおじさんをフォローしたくはないと思いますよ（笑）。インターン先の愚痴をつぶやけなくなりますしね。

松原　そうだと信じたいですね。

千駄木　しかし、学生の半分が奨学金を借りる時代になったものの、いまだに「恥ずかしい」と思われる現状があるわけですが、その背景には昨今のメディア報道も影響していると思います。メディア側が「奨学金返済に苦労する若者」をフィーチャーしがちという問題ですよね。そもそも、どうしてこのようなことになったのでしょうか？

松原　私、個人として「奨学金＝悪」という風潮になったきっかけは、ＪＡＳＳＯの貸与型の取り立てが民間並みに厳しくなってからだと思います。それまで、ＪＡＳＳＯの返済の取り立ては比較的、ユルい感じだったのですが、その間に返済されない延滞金も膨れ上がってしまったんですね。その結果、奨学金制度が成り立たなくなってきたことで、２０１０年度から奨学金返済者への督促を民間業者に委託をするようになり、普通の借金の取り立てと同じような扱いになったんです（※１８３ページ参照）。そうすると、やはり返済の負の面が目立ち始めてしまい、「本来は国の制度なのに、そんなエグい取り立てをするのはどうなんだ？」と思われるようになっていきました。ＪＡＳＳＯとしては何か特別な取り立てをしているわけではなく、貸したものを返してもらうという当たり前のことをきちんとやり始めたというだけの話なのですが。

千駄木　「国が若者を助ける制度」なのに、それを「国が借金させておいて、厳しく取り立てる」という構図になったことで、奨学金制度そのものが叩かれやすくなったということですね。

松原　ただ、そんな中で奨学金を借りた人のほとんどは奨学金に助けられており、毎月しっかりと返済しています。本来はそれがマジョリティのはずなのですが、そこから外れた人は余計に目立ちやすくなるのだと思います。

水戸　あと、奨学金に関する報道やYouTube動画を見ていると、「叩きやすい材料」が揃っているというか、「叩くときの常套句が真似しやすい」ものがある気がするんです。最近の定番は「『奨学金』という名前そのものがおかしい！」という発言。制度への前向きな改善案というより、制度や利用学生を責めるような文脈で使われてしまいがちです。そのほかにも「貧乏なら大学に行くな」「借りたくせに甘えるな」など、常套句とも言えるフレーズは多々あります。そして、今度はそういった反応を見た人たちが「なるほど。こうやって奨学金や奨学金を借りている人を叩けばいいのか」と思うようになり、悪循環に陥っている印象を感じます。

千駄木　まさに、そういうフレーズは記事を更新するたびに出てきますね。「奨学金なんてアルバイトで稼げば返せる」とか……。「いつの時代の話をしているんだ？」と、常々感じてます。

松原　しかし、奨学金の悲劇的な事例を取り上げた報道を読むと、学生たちはどうしても「今からこの地獄に飛び込みますか？」と思ってしまいがちです。その結果、奨学金に関する情報に触れることに臆する学生も実際いて、そこには危機感を覚えています。

千駄木　返済のリスクを考えるのは大事なことですが、外野からの批判や外聞を気にする必要なんかないのに……。正直、これまで奨学金を借りた人たちを、たくさん取材してきた身としては、そう感じてしまいます。

松原　でも、学生たちの大多数は「貧乏と思われることが恥ずかしい」と思っているんです。「奨学金を借りないと大学に進学できない人」にしてみれば、「実家のお金で大学進学できる人」に対するプライドというか羞恥心があるんですよね。人間の心情としては、とても理解できる話です。

水戸　本当は奨学金を借りていれば、もっと助かった人もいるのに、周囲の目を気にするあまり苦労している人もたくさんいる気がします。

松原　以前、財団の職員の方に「我々は学生を支援したいと思っているのに、どうして『告知』に労力と金を費やさなくてはならないのか?」と言われたことがありました。変な話、お金をバラ撒けば宣伝につながるのかと思いきや、現実はそう甘くはないんですよね。

奨学金制度の未来はどうなる?

千駄木　さて、給付型の奨学金が開始されたことである程度、改善されたかと思っていた奨学金事情ですが、想像以上に複雑な問題を孕んでいるようです。最後に、今後の奨学金のあり方をお二人に聞いていきましょう。

水戸　今の学生にとって最適な制度であってほしいです。そのためにも、大学の奨学金担当という現場にいる人間としては、「奨学金制度の問題点を現場にすべて任せる」というのはやめてほしいですね。給付型奨学金についても、お上が「今度から、こういう制度を始めるからよろしく!」という具合に、現場に丸投げされている状態なんですね。これは大学職員だけでなく、高校の先生たちにも当てはまることで、彼らは奨学金の説明会に疲弊してます。というのも、実は高校の先生や大学の職員たちが行っている奨学金説明会という業務は実質無償で引き受けているんですね。

千駄木　JASSOは職員数がそもそも少なく、高校の先生や大学の教職員に説明会を代行してもらっているというのは先ほども指摘されたことですが、まさか無償だったとは……。

水戸　だから、熱心な先生がいる高校だったら積極的に説明会が開催されますが、公務員気質であったり、裕福な地域の公立高校の先生は説明会を開かずに、希望する生徒に書類だけを渡すということもあるようです。コロナ禍では感染症対策もあるため仕方ないにしても、ただでさえ高校の先生方は大変に忙しい中、生徒や保護者からの質問に答えるには相当の時間と労力が必要なため、やはり現場の努力だけでは限界があります。

千駄木　でも、そういう意味だと、JASSOの職員も「現場の人間」ですよね。JASSOのサイトによると2022年4月1日現在で、職員数は547名。人材派遣会社などから派遣されて来ている人もいるはずなので、関わっている人数はさすがにもっと多いでしょうけど、何百万人もの学生・返済者を相手にしていると考えるとやっぱり少ない。

水戸　彼らも多忙なんでしょうね、「一日中、電話をかけ続けてもつながらない」ということも過去にはありました。

千駄木　これは奨学金担当の大学職員しか知らないと思うのですが、ＪＡＳＳＯの職員とはどういう人たちなのでしょうか？

水戸　私が実際にＪＡＳＳＯの職員とやり取りするのは、学生たちの奨学金手続きの書類をまとめて送るときとか、送付後に不備や疑問点が発生した際に、向こうから連絡が来るときぐらいです。だから、それぞれどんな人がいるのかはまったくわかりませんが、確実に言えるのは、みなさん常に一生懸命で責任感が強い方が多いということです。

千駄木　インターネット上ではすこぶるイメージが悪いＪＡＳＳＯですが、職員一人ひとりは熱心なんですね。

水戸　私でもわからない特殊な書類の手続きがあった際でも、ＪＡＳＳＯの職員は誠実に調べてくれましたし、本来であれば「書類不備です」の業務的な一言で済ませられるようなことでも、「いただいた書類に記載されている親の年収は○○ですが、○○のパターンに該当するかもしれない」と、書き直しのアドバイスをしてくれたこともありました。その結果、私だけでなく、学生も助けられたんですよね。

千駄木　お役所的な対応ではなくて、ちゃんと制度を理解したうえで、親身になってくれている……。でも、JASSOもいいところばかりではないんですよね？（笑）

水戸　職員によって知識量や対応力にムラがあるなと感じることはありますが、これはどの組織でも当てはまることですよね。でもその一方で、JASSOの場合は奨学金という制度が複雑化しすぎた結果、職員間の知識量にムラが出てしまっている面はあると思います。

千駄木　なんだか日本社会の縮図のような気がしてきました。

水戸　つまり、今の奨学金制度は、人に頼りすぎているんですよ。だからこそ、「ガクシー」というシステムがうまくいって、個人の頑張りに依存しない環境を作ってくれると本当にありがたいです。我々としても「手を抜きたい」というわけではなく、現実問題、現場が回っていないため、学生側にもしわ寄せがいってるんです。私は他大学の奨学金担当からも「現場が回らない」との相談を受けることがありますが、例えば、審査の制度上、1か月以内に済ませられるものが、職員の手が回っていないので3か月かかることなんてザラです。制度上はすぐに採用されるはずの学生でも、いつまでも入金されなくなってしまう。つまり、冒頭で述べた「俺の考えた最強の制度」という理論上では完璧なものが、もう現場では破綻しかけている。だから、そろそろ次のフェーズに移行する必要があると思います。

千駄木　奨学金を受給する学生も親も、大学職員もＪＡＳＳＯもみんな必死で生きているというわけですが、話を聞いている限り、現場レベルでもう破綻寸前ですよね。このような状況を、松原さんはどうお思いでしょうか？

松原　海外に例を見ない「貸与型の奨学金」が中心でも、現状の日本の奨学金制度は最低限は整っていると思っています。しかし、水戸さんが述べられたように、ちゃんとした制度はあるのに、誰が悪いわけでもなくそれをうまく活用できてないのが現状です。水戸さんのような奨学金のプロフェッショナルがいる一方で、大多数は奨学金制度の全貌を把握できておりません。つまり、奨学金制度の使い方が浸透していないんですね。またＪＡＳＯの職員数の話もありましたが、アナログ形式中心の運営現場の業務負荷が高いのも活用できていない大きな要因だとも思います。我々がサイトと業務管理システムをやりだしたのも、この業界のペインを少しでも解決できればと考えたからです。

千駄木　連載でも「一定期間、返済免除してくれるとは知らなかった」という基本情報を知らなかった人も多数いました。

松原　あと、現実的にどういった奨学金制度が理想かと言うと、私自身はやはりアメリカの「寄付文化」を目指すべきだと思います。むしろ、奨学金制度は「寄付文化」でもない限り、今の日本では財源に限りがあるので、継続的にお金は回らないでしょう。そういう意味で言うと、今の給付型奨学金は果たして、学生たちの奨学金を回していけるぐらいの総量があるのかが気になります。

千駄木　急に降って湧いて出てきた政府の「給付型奨学金」ですが、確かに財源はどうなっているのでしょうね。しかし、私はアメリカに住んでいたこともあって、松原さんの言う「寄付文化」が日本に根づくことは正直言って難しいと思います。OB会のおじさんたちがキャンパスに集まって食堂で酒を飲み交わすのが関の山という気がします。

松原　そういう意見に対して私が声を大にして主張したいのが「奨学金をもらうことが、栄誉になる世界観」という理想です。「奨学金のおかげで、僕は大学に通っているんだ」というのが、欧米の価値観なのですが、日本は真逆ですよね。でも、今後は日本も奨学金がむしろ自慢になるようになると、そこにお金を出そうという企業や財団も現れてきますし、奨学金そのもののイメージが良くなります。「奨学金を受給しているインフルエンサー」がひとりでもいれば、もうイメージがガラッと変わると思いますよ。

千駄木　奨学金のイメージ向上は、今後の我々3人の課題になると思いますので、それぞれで助け合って、今の現状を変えたいですね。当事者へのインタビューだけでは知ることのできなかった奨学金の問題点を再認識することができました。本日はありがとうございました。

第5章

現役大学生が考える、コロナ禍の大学生活と「奨学金」のリアル

第1章と第2章では大学卒業後の返済に苦労している奨学金受給経験者たちの体験談を紹介したが、本章では、現在進行形で奨学金を借りている現役大学生たちに、コロナ禍の大学生活と奨学金に対する思いを聞いていきたい。高校生の読者にもきっと参考になるはずだ。

［座談会参加者］

A…地方国立大学の理系学部、男子4年生
B…地方私立大学の看護学部、女子3年生
C…地方医療専門学校の理学療法学科、女子2年生
D…都内私立大学の文系学部、男子3年生

大学生は奨学金をいくら借りている？

千駄木雄大（以下、千駄木）　みなさんは時期的に新型コロナウイルスの世界的な感染拡大と同時期に大学に進学し、一斉休講やオンライン講義などを経験した、これまでに例を見ない世代です。今回はそんな大学・専門学校に在学中のみなさんに昨今の奨学金事情や、将来の返済に関する心配事などを語り合ってもらえればと思います。早速ですが、みなさ

ん、それぞれ奨学金はいくらぐらい借りているのでしょうか？

A　僕は日本学生支援機構（以下、ＪＡＳＳＯ）から、第一種奨学金（無利子）を月額4万5000円借りています。大学には自宅から通えるため、その場合の限度額が年間54万円なんですよ。大学を卒業する頃には借りた金額も216万円近くに達するのですが、このご時世なので大学院進学も考えています。修士過程2年でも、大学とほぼ同額をまた借りることになりそうなのは憂鬱です。

B　私は毎月5万円で、4年間で合計240万円借りる計算になります。ですが、厳密に言うと貸与型や給付型の奨学金ではなく、大学卒業後に何年間か指定の病院に勤務すれば、奨学金の支払いが免除される「看護奨学金（以下、修学資金）」なんです。要は大学と病院が奨学金で私の学費を肩代わりしてくれるということですね。この制度のありがたいところは、4年間指定の病院で働くことができれば全額返済不要になることです。

C　私は専門学校生ですが、ほかの大学生たちと同じように、ＪＡＳＳＯから毎月4万円の給付型奨学金をもらっています。

D　僕は大学2年生のときから、とある財団から給付型奨学金を毎月5万5000円をもらっています。順調にいけば、卒業までに200万円ほどもらう計算です。さらに、それに加えて第二種奨学金（有利子）を毎月12万円借りています。

C　え、給付型を毎月5万5000円もらってるのに、利子付きの奨学金を12万円も借りないといけないんですか？　私立大学はやっぱり、お金がかかるんですね……。

D　東京の私立大学に進学すると、学費とは別に生活費や家賃もそれなりにするから、これぐらいかかっちゃうんですよ。でも、やっぱりその分、都会でしか味わえない経験もあるから、必要経費だと思い込むようにしてますね。

A　僕としてはむしろJASSOから給付型奨学金をもらっているCさんがスゴいと思います。JASSOの第一種奨学金ですら、最近は申請が通りにくいというのに……。あと、ぶっちゃけ国立大学の学費も、今は私立大学とそんなに変わらないですよね。親世代は「国立の学費は安い」というイメージだから、いざ自分の入学書類を母親に渡したときには金額を見て驚かれちゃいました。

奨学金ときょうだい構成の関係性

千駄木　みなさん、それなりの金額の奨学金を借りられているようですが、一人暮らしはDさんだけで、残りの3人は実家通いなんですね。きょうだい構成はどんな感じでしょうか？

A　僕は4人兄弟の長男で、一番下の弟はまだ小学生。そして、母子家庭で母は正社員ではなく、ずっとパートだから奨学金は必須でした。

C　私も幼い頃に父を亡くしたので、母子家庭で3人きょうだいの長女。そんな家庭環境だから、本来は高校に通うことすら困難だったのですが、部活動で高校に推薦入学できたんですよ。それで、なんとか高校を卒業できたので、そこから今はスポーツ・トレーナーという夢を叶えるために、理学療法士を養成する専門学校に通っています。

B　でも、専門学校とはいえ、医療系の学校ってどこも学費高くないですか？　私が通っている私立の医大の授業料は年間160万円だから、とてもじゃないけど、奨学金を借りても払いきれません。

C そうなんですよ！　だから、私の場合は給付型の奨学金と、授業料が半分免除になる制度も利用しています。専門学校は3年制とはいえ、3年間で入学金と授業料を合わせて500万円程度。教材費もバカにならないから、総額で600万円近くかかるんですよね。理学療法士は社会にとって、必要な仕事のはずなんだけど……。

B それを言うと看護師も同じですよ。うちは3人姉弟で、大学1年生と中学1年生の弟がいるんですけど、2人とも中高一貫の私立学校に通っています。だから、特に貧乏というわけではないんですけど、私が進学したかった医療系の私立大学は、学費が高いこともあって、親にお金の面で負担をかけたくなかったから、修学資金を申し込んだんです。弟も国立大学に進みましたが、やっぱりみんなちょっとでも親の負担を減らしたいと思っていたのでしょう。

C 真面目な家庭ですね。私は成績とかは気にせず、通学可能な範囲で、1、2番目に学費の安い学校を選びましたよ。

A　それも、選択肢としては間違いではないのでは？　自分も国立大学だけど、ギリギリ家が近かったから、「たまたま国立という選択肢があった」ぐらいですよ。

D　それで言うと、僕は通学圏内に偏差値の高い国立大学がなかったタイプです。だから国立に行くにしても実家を出る必要があって、「それなら上京して、有名私大に行こう」となりました。僕は弟がひとりいるだけだから、みなさんとはちょっと事情が違うかもしれません。

奨学金説明会への本音は「バレると恥ずかしい」!?

千駄木　奨学金を借りた理由はそれぞれバラバラのようですが、高校ではどんな説明会が行われたんですか？

A　あー、なんかありましたね。一応、奨学金制度の仕組みと、第一種と第二種があること、そして申し込み方法を参加した人限定で説明してくれました。僕は母子家庭だから奨学金を借りないといけないのはわかっていたし、教師も積極的に応募するように促してくれましたけど、友達の中には「説明会に参加すると貧乏がバレる」「奨学金を借りても将来大丈夫なんだろうか？」と思っている人もいました。通っていたのが、地元の公立の進学校だったので、奨学金を借りる人って案外少ないようですね。

D うちの学校も同じでしたよ。地方の公立や県立高校というのは、実家がお金持ちの子が多いんです。

B わかります。私も大学に入って「案外、貧乏な家出身の人っているんだなあ」と思ったというか。かく言う私の高校も進学校でしたけど、今では友達で誰が奨学金を借りているのかは知りません。だけど、今の大学のクラスメイトたちは、ほぼ全員奨学金か修学資金を借りています。

千駄木 連載でも「医者はあまり奨学金を借りてないけど、看護師は借りている率が高い」という話がありました。

C あと、高校で開催されるのはＪＡＳＳＯの説明会しかないのはどうかと思いますよね。実際、いろんな企業や財団が奨学金を支給しているわけだから、もっといろんな情報を知る機会や媒体は欲しいです。

修学資金も給付型奨学金も、面接は楽じゃない

千駄木　知る機会を増やすのは、奨学金報道に関わる私のミッションでもあります。さて、ここからは大学時代の話を伺っていきますね。まず、実際に奨学金が振り込まれるのはいつぐらいからなのでしょうか？

B　修学資金の面接は大学１年生の夏頃にありました。それに合格したことによって、４月分からの奨学金が一気にまとめて振り込まれる感じでした。

千駄木　申請前の金額も含まれるんですね。

B　そうなんです。でも、面接は親も一緒だったから、ちょっと恥ずかしかったですね（笑）。「どうして、この病院の修学資金を借りようと思ったの？」とか「なんで看護師になりたいと思ったの？」とか聞かれる分にはいいんですけど、最終的に親に「お子さんは普段、家ではどんな様子ですか？」とかまで聞かれて。

C　それは恥ずかしいですね（笑）。

D　そういえば、CさんはＪＡＳＳＯの給付型を受けているんですよね。ＪＡＳＳＯの給付型奨学金は「親の年収」や「高校時代の成績」を重視すると言われていますが、高校時代の成績は良かったほうなんですか？

C　一応、高校での評定は３・８でしたね。

千駄木　高校の難易度、つまり周囲の生徒の賢さによって高い低いは変わりますが、評定の最高値が５・０と考えると、平均値よりは高いぐらいでしょうか。

C　なので、私の場合はそれよりも親の年収が考慮されたんだと思います。結局、理由はわからずじまいですけど、やっぱり給付型奨学金に採用されたときはうれしかったですね。奨学金がないと専門学校に進めないので。でも、専門学校に入学する２～３か月前に申請は通ってはいたけど、いざ４月に初めて学校に行った際に、また書類を書く必要があって……。Ｂさんと同じで、振り込まれるのが６月からだったので「本当にもらえるのかなあ？」と、結構心配になっていましたね。

コロナ禍の大学生活とは？

千駄木　まだ、4人とも大学と専門学校に在籍中ですが、コロナによってキャンパスライフは変わりましたか？　もはや、「代返」なんて言葉は通用しないですよね。

A　自分は理系なので、学業がとにかく忙しいです。実験が週に2回あって、実験結果が出るのに時間がかかるので、拘束時間がとても長いんです。「朝から夕方までずっと実験」みたいな日が週に2回はあって、しかも、その2回の実験ごとにレポートを提出する必要があります。だから、1週間のうちどこかは徹夜になるか、毎日深夜1時まで、実験のレポート作りに必死です。

B　私も3年生の秋から、4年生の夏頃までは毎日、指定された病院での実習でした。忙しいのは別に構わないのですが、アルバイトができないのはキツかったですね。別に禁止されているわけでもないのですが、コロナもありますし、実習がある平日は夜も寝られないくらい忙しいんですよね……。だから、仮にバイトができたとしても週末になるのですが、せめて休みの日ぐらいは遊びたいじゃないですか（笑）。でも、そういうときに、遊ぶためのお金がないのがツラいです。

千駄木　コロナ禍とはいえ、みんな意外と普通に大学生活できているんですね。

C　ところで、みんなお金の管理はどうしてます？　私は完全に親に任せっきりなんですけど。

B　私も自分の口座ではなく、奨学金は全部親に管理してもらっています。だって、振り込まれたところで、私が使えるわけではないし、結局学費として貯める必要があるので。一応、振り込まれたらメールが届くので、それを親に伝えて、ネット通帳を確認してもらうぐらいですね。なので、これまで一度も、奨学金に手をつけたことがありません。

A　自分もそんな感じです。入金されても粛々と学費に消えるだけ。昔の奨学生みたいに「奨学金が振り込まれたから、これから飲みに行こうぜ！」みたいなことはないですね。

千駄木　みなさんちゃんと、丁寧に貯金していますね。その姿勢、大事ですよ。大人になったら、リボ払いやローンなどで、どんどんお金の使い方がヒドいことになりますからね……。

奨学金について話すのは「タブー」？

千駄木　ちなみに、Ｂさんのクラスメイトのほとんどは奨学金か修学資金をもらっていると言われていましたが、ほかの３人の周囲はどうでしょう？

Ａ　多いですよ。中には実家が裕福なのに借りている人もいます。

Ｃ　Ｂさんと同じで、うちの専門学校の生徒も半分ぐらいは借りていますが、医療系の学校は基本そんなものです。ほかの看護系の大学に通う友人いわく、生徒の半分は修学資金を借りているみたいですよ。

Ｂ　看護系の学校はどこも学費が高いから、奨学金を借りずに、大学に通っている人のほうが少ないと思いますよ。

D　正直、自分は周りのことはあまり知らないですね……。というのも、奨学金って普段そんなに大っぴらに話すような話題でもないですからね。たまに、友人と家賃や生活費をどうやりくりしているのかという話になった際に、「奨学金を借りているよ」と言い出すことがあります。

千駄木　取材の結果、「大学生の2人に1人は奨学金を借りる時代」となっていることがわかりましたが、実はまだまだタブーみたいな扱いなんですかね。

D　あ、でも、自分の友人には大っぴらに話しているヤツがいます。とはいえ、少数派かも……。というのも、彼は奨学金を株式投資に使っているんですね。JASSOから第二種奨学金を月に12万円借りていて、それを種銭にしているそうです。

千駄木　おぉ。これはまた斬新な使い方をしている人もいますね。

A　意外と奨学金を投資に使っている学生は結構いるみたいで、ちょこちょこインターネットで、この手の話題が炎上しているのを見ますよ。

D　そうそう。ＳＮＳでもそういうアカウントを見かけますよね。

千駄木　投資は自己責任とはいえ、奨学金は保証人が必要ですよね。その辺りはどうなっているのでしょうね？

D　その友人によるとそこが大きなポイントで、「機関保証」にしているそうです。つまり、最悪投資に失敗してお金がなくなっても、親が肩代わりする必要がないようにしているということですね。

千駄木　なるほど。「機関保証」という制度は親と不仲などの理由で、親が奨学金の保証人になってくれない学生が利用するケースが多いのですが、そんな使い方があるとは……。ＪＡＳＳＯの場合、奨学金を学業以外で使っても罰則規定などはないわけですが、なかなか攻めていますね。実際投資はうまくいっているんでしょうか？

D　友人の場合は高校生の時から投資をしていて、お年玉で貯めたお金を高校卒業時には、すでに60万～70万円程度にしていたそうです。大学でも順調に資産を増やしているっぽいですね。

千駄木　確かに大学生が奨学金で株式投資と聞くと怒る人もいそうですが、そもそもJASSO自体が「日本学生支援債券（ソーシャルボンド）」というものを発行しているんですね。企業や銀行などから投資してもらっています。これはホームページで「投資表明投資家一覧」を見ることができます。

D　なるほど。帰ったら調べてみます。

千駄木　あと、取材を通じて聞いた話の中には金利が安いからという理由で、親が新たなローン代わりに、子どもに第二種奨学金を借りてもらうという、例もありましたしね。ちなみに、みなさんも、そうやって奨学金を増やそうと考えたりしていますか？

B　全然！（笑）修学資金は3か月に1回振り込まれるのですが、卒業前の最後に振り込まれる15万円分は友達と卒業旅行に使いたいと思っていて。親もそれは認めてくれているので、それぐらいはいい思いをしたいな……。これから、看護師になるので、コロナの状況次第ですけど、やっぱり国外ならハワイ、国内なら沖縄に奨学金を使って旅行したいですね。

C　それはいい使い方だと思いますよ。だって、我々は一銭も生活費とか交際費に使ってないんですからね。

A　そういう意味でも、Dさんみたいに奨学金を投資に回せるような能力はうらやましいと思いますよ。

D　いや、友達の話ですって（笑）。仮に自分だったとしても、貸与型と給付型の奨学金を毎月15万円近くもらったり、借りているのに、それを全部投資で溶かした暁には、炎上どころの騒ぎではないですよね。

高校生の時から奨学金について知っておくべきこと

千駄木　2017年からJASSOが給付型奨学金を新設してから、同制度はさらに拡充されたと言われていますが、この中で給付型を受給しているのはCさんとDさんぐらいなんですね。

A　実は僕も給付型を申請したかったんですよ。

D　「実は」じゃなくて、みんな「もらえる」なら「もらいたい」ですよね。

B　私の場合は修学資金だから話は別だけど、返済義務がないのはうらやましく思います。

A　確かに、Cさんみたいに高校時代から、もっと早く給付型奨学金について知っておくべきだったなとは思います。というのも、大学入学後も申し込める給付型奨学金は結構あるんですよ。それを僕は全然調べずに、しかも、そういう存在があるということすら知らずに、大学に通っていますからね。

D　奨学金に関する報告ってキャンパス内の掲示板か、大学専用のポータルサイトやメーリスぐらいでしか情報が回ってこないんですよね。掲示板なんて誰も見ていないから、だいたい申込期限が終わっている。

A　そうなんですよ。でも、調べてみたら1～2年生でも申し込めたり、成績が良ければ申請できる奨学金もあると知ってからは、貸与型を借りていることもあって「もうちょっと早く存在を知っていれば、今よりも生活が楽になっていたのかもな」と思うこともあります。

D　貸与型と給付型、両方借りている身からすると、情報収集は本当に大事。「成績上位者だけが選ばれる給付型奨学金」の情報をつかめば、それが勉強のモチベーションにもつながりますよね。勉強すればするだけ、お金がもらえるんですから。

A　部活で後輩たちが「給付型奨学金を受ける」という話をしていると、「そんな制度あったんだ」と思うこともあるし、自分だけが知らない間にクラスメイトたちが応募していたり、オリエンテーションで隣の席に座った子に「給付型奨学金の申請間に合った？」とか言われると、ちゃんと調べておけばよかったな、と常々思いますよね。だから、もう一度、高校生から今の大学に入り直して、自分の条件に合いそうな給付型奨学金について、もっと調べ直したいですね。

D　でも、条件面で合う給付型奨学金そのものがまず少なくて、学生課から手続きの申請書をもらうのも、結構煩雑。だから、これは嫌みではなく、仮にAさんが大学1年生の時から申請していたとしても、途中で面倒になってやらなかったと思いますよ。

奨学金をめぐる環境は変わってきている

千駄木　ここまでの話を聞いていると、Dさんは結構、奨学金制度をいろいろと調べてきているようですね。

D　奨学金と言うと、JASSOから「借りる」と思われがちですが、今はもう民間企業や財団から「もらう」時代なんです。要は、企業が学生たちにお金を配っているんです。そういう給付型奨学金はたくさんあるのに、「多分申請には通らない」と思って、その選択を考える人は少ないと感じます。

A　事実、自分は一切そういう情報を知らなかったから、JASSOから貸与型を借りるに至ったんですよね。

D　例えば僕が今、受給している財団の奨学金は、大学が推薦してくれたものなんです。その財団が奨学金を支給する大学の大学生・大学院生の予定人数は全部で60人で、僕が通っている大学の推薦人数はたったの2人だったのですが、そのもうひとりの受給者とは相当仲良くなりましたよね。特にその人とは、別に学業などで競争したわけでもないのですが、一緒に闘ってきた同志というか……。ちなみに、その財団の奨学金の授与式では、同じ奨学金を受給している他大学の学生たちも集まっていたので、自然とコミュニティができて人間関係も広がりました。

B　自分も病院以外にも給付型の奨学金があることは知らなかったです。やっぱり、事前に奨学金について、知っているのと知らないのとでは、大学生活が大きく変わるんですね。

C　母子家庭の私からしてみれば、正直親の年収はそれなりにあるのに、給付型の奨学金をもらえるのは驚きでした。何事も知っておくことは大事なんですね。ちなみに、Aさんは私と同じ母子家庭ですが、高校でも奨学金は借りていたんですか？

A　僕は高校時代から就学支援金と、高校生等奨学給付金をもらっていました。当然それには感謝していますが、結局「母子家庭のハンディ」は奨学金だけでは埋まらないと思うんです。

千駄木　それは、いわゆる「学習塾に行けなかった」ことなど、教育費をあまりかけられなかったため、周囲と感じるギャップですか？

A　僕は地元の公立の進学校出身なのですが、学校では教師による勉強のフォローはしてもらえずに、毎日ただただ学力テストでした。だから、勉強のフォローが足りないと思った友人たちは、みんな予備校に通い始めるのですが、母子家庭の僕にそれは金銭的に無理でした。バイトも禁止でしたしね。一部の予備校には「特待生制度」もありましたが、それは東大や京大を目指す人しか入れてもらえませんでした。

C　母子家庭って、何をやるにしても誰かのサポートが必要ですよね。私の場合は母方の親戚が近所に住んでたから、みんなに助けてもらえましたけど、「教育費の経済的格差」というのは高校生でリアルに感じました。

奨学金申請で知る親の年収

千駄木　大学に合格することが第一条件だったので、高校時代に奨学金については、みなさんあまり調べてはいなかったと思います。ただ、今のうちに高校生に伝えておくべきことはありますか？

B　そもそも、奨学金を借りるのに「親の年収が関係ある」ということすら知りませんでした。高校生のときは、奨学金は「大学生が国からお金を借りられるシステム」ということぐらいは知っていましたが、世帯年収で借りられる／借りられない奨学金があるということは知りませんでした。なので、その辺りのことは詳しく知っておけばよかったですね。自分に見合った奨学金というのを、高校生のうちから知っていれば、今通っている大学以外の選択肢も生まれたんじゃないかな、と思います。

千駄木　それを高校生の時に意識するのは簡単ではないですが、できたら人生の選択肢も劇的に広がりますよね。

B　でも、その一方で「親の年収」で借りられる／借りられないという奨学金の審査基準は、「どうなのかな？」と思います。そもそも、奨学金を返すのは私で、そこに親の年収は関係ないはずですし、私が親だったら「子どもに自分の収入なんて見せたくない」と思うに違いないので（笑）。

C　私はBさんの発言で初めて修学資金の存在を知ったので、そういった返済不要の奨学金や病院や財団が支給している給付型奨学金について、もっと調べておけばよかったです。

D　自分も高校時代は貸与型はおろか、給付型奨学金の存在すら知りませんでした。これは大学入学後に知ったことなのですが、うちの大学には地方出身の学生向けの奨学金があって、年間60万円は支給してもらえるそうなんですよね。だから、その存在だけでも知っておきたかった……。

来たる「返済」に抱く不安

千駄木　ここまでのみなさんの話を聞いていると、結構奨学金に対して好意的なようですが、一方で世間での奨学金のイメージは今も良くないです。貸与型を借りているAさんは、将来の返済に関する不安はありますか？

A　母親は特に気にしていましたね。というよりも、「借金だから、できれば借りるな！」という具合に、もはや反対していました。まあ、当時の母は私の大学進学を、あまり良しとしていなかったようですしね。でも、確かに大学卒業後、自力で返済しないといけないのは、やっぱり若干渋りましたよね。ただ、第一種であれば無利子なので、「借りても手をつけなければ、借金にはならない」ため、満額借りました。結局、第一種だけで学費は賄えたので、第二種には手を出さずに済みそうです。

B　私は借金云々というよりも、卒業後に同じ職場で4年間働き続けられるか不安です。実習で行く病院というのは、修学資金で指定されている病院になりがちなのですが、そこで結構、嫌な人間関係やパワハラを目撃してしまい……。病棟で違いはありますが、「職場の雰囲気が最悪だったら嫌だな」という不安はあります。

千駄木　看護奨学金制度では、指定期間に満たずに辞めると「借りた修学資金の全額を一括で返済する必要がある」ケースも少なくないですが、Bさんが就職予定の病院はどうなのでしょうか？

B　幸いにも、足りなかった期間分だけの返済です。例えば、3年働けたら、残り1年分だけを返済する感じのようです。

千駄木　それは、まだ救いがありますね。精神的な苦痛から退職したのに、急に奨学金の一括返済を求められたら「JASSOで借りとけばよかった」と思ってしまいますよね。

C　当初、「修学資金は返済不要だからうらやましい」と思って聞いてましたけど、そんなリスクもあるんですね。

B　もちろん、メリットもあります。それは奨学金の給付と同時に「就職先もほぼ確定」することです！　だって、指定の病院からお金を借りるんだから、そこで働くしかないけど、視点を変えれば「特に就職活動をせず、1年生の時点で240万円のボーナスと内定先が決まる」ようなものなんですよね。一応、面接もありますが、面接官も相手が修学資金を借りているというのは知ってるので、受かった前提の打ち合わせみたいな内容になるらしいですよ。よほど成績が悪くない限り、打ち切られることはないから、安心ですね。

奨学金を借りた選択に今思うこと

千駄木　先ほどのAさんとCさんの発言もそうですが、そもそも大学入学前から「お金」で差は生まれているという話が多かった気がします。実際問題、奨学金を借りて進んだ今の進路に後悔はないですか？

D　僕は地元の国立大学と東京の私立大学かで迷い、最終的に「いろんなチャンスが多い」という理由で、東京の私大を選びましたが、これって、はたから見るとワガママですよね。でも、地方の国公立大学に進めば市役所や地元の有力企業に入るという選択肢しかありませんが、東京の有名私大に入れば、縦横のつながりができます。実際、大学はもちろんのこと、前述のように財団でも奨学金を媒介にしてつながりができています。だから、これは奨学金を受給して東京の大学に入らないと、絶対に手に入らなかったものだと実感しています。ネガティブなことばかり考えるのはやめましょう！

B　私は特に実家が貧乏なわけでもないのですが、看護師になりたいという夢を、奨学金が叶えてくれたのはありがたかったですね。

C　まあ、私は高校進学すら危うかった人間なので、奨学金然り、貧困家庭を救う制度にはこれまでさんざん助けられてきました。「格差がどうのこうの」という次元でもないと思います。借りないと前に進めないなら借りるしかない。

A　僕もCさんの考えに賛同しますね。奨学金を借りないことには、僕の人生は始まらなかったので……。母親には常に「奨学金を借りないと、大学に行けない。でも、高卒だと貧乏から脱出できない！」と、3年間力説していました。だから、簡単に入れる近所の私立大学ではなく、ちゃんとレベルの高い国立大学に入って、周りを安心させて、それなりの金額の奨学金を借りました。そして、これからは自己投資だと思って、さらに大学院まで進んで、いい企業に就職して母や弟たちを楽させてあげたい。だから、奨学金を借りたことに後悔はないし、そこに悩みなんてありません。

千駄木　最後、マンガの主人公みたいなコメントでしたね。本日はみなさん、ありがとうございました！

あとがき

子どもの頃、毎年夏の終わりに、なぜか世界を代表するサックスプレイヤー・渡辺貞夫のコンサートに参加していた時期がありました。街の子どもたちをバックコーラスに仕立てて、演奏の1パートに参加させてくれていたのですが、筆者もそのメンバーの一員として2度ほど「世界のナベサダ」がサックスを吹く、はるか後ろで歌っていた経験があります。

日本を代表するジャズ・プレイヤーがなぜ、九州の片田舎でそんな活動をしていたのかは、いまだによくわかっていませんが、もっと言えば、今以上に渡辺貞夫という人物がどれだけ偉大な人物なのかすら、知る由もありません。

そんな、渡辺貞夫という人物の偉大さを伝えるために、筆者の母は「あの人は若い頃にアメリカのバークリー音楽大学に、日本の大学で言う奨学金制度、アメリカでは『フルスカラシップ』と呼ばれる制度を使って留学していたんだよ。アメリカという国が、彼の才能を買って学費や生活費をすべて出してくれたんだ」と、説明してくれました。

なるほど。芸術的な才能があったり、勉強ができたり、運動ができれば、大学の学費というのはかからないのか……。幼少期に、父親の仕事の都合でアメリカのロサンゼルスという最先端な都市に住んでおり、なまじっか「飛び級制度」を目の当たりにしていたこともあったせいか、子どもの頃は奨学金を「成績優秀者が学費を無料にしてもらえる制度」と認識していました。

もちろん、その認識自体は別に間違っていたわけもないのですが、実際、自分が大学生になって、なんとなく学生課に「奨学金にはどんな種類があるのか？」と見かけに行った時、初めて「日本において、奨学金は借りるもの」という現実を知りました。

確かに奨学金を借りている学友たちはみんな、実家が貧しかったり、両親と不仲であったり、何かと問題を抱えている者たちばかり……。そこからは筆者も、「奨学金＝借金」という、世間一般のイメージを持つようになりますが、本書を読むまでは多くの読者も筆者と同じような認識だったのではないでしょうか？

筆者もこの連載を任されるまでは、そのようなイメージを長年抱いており、実際、卒業後に、その学友たちと話していると、「毎月の返済がキツい」「転職したいけど、奨学金の返済があるから辞められない」「成績不良で奨学金を打ち切られたことで、人生にケチが付き始めた」という愚痴をよく聞かされました。

しかし、いざ取材を始めて、奨学金を借りてきた者たちに話を聞くと、奨学金を借りたことを悔いている人もいるものの、家庭の経済状況や家族との関係によって難しかった大学進学を叶えられたことで、人生を好転させてきた人がほとんどです。

そして、よくよく考えてみると、前出の不平不満を漏らしている学友たちも、その多くが大手企業に勤めており、奨学金制度というものがなければ、今の暮らしはなかったのでしょう。

「奨学金制度について、不満を言おうと思えばもちろん言える。けど、奨学金がなければ今の自分がなかったのも事実だし、『奨学金以外の選択肢があったのか？』と言われるともちろんなかった。だから、奨学金制度を批判前提で取り上げる報道には納得いかない……」

多くの奨学金返済当事者に話を聞いていると、そのような愛憎交じりの感情を聞くことができます。それぐらい、奨学金制度を取り巻く状況は複雑で、返済当事者それぞれが事情を抱えているのですが、これまでメディアは画一的にしか報じてきませんでした。


さて、この本は私だけの成果ではありません。当然ながら、これまで本連載の取材に協力いただいた、本書を出す段階では30名近い、「元・奨学生」たちの証言のおかげです。

筆者は彼らのこれまでのライフストーリーを文字に起こしているだけに過ぎません。

2021年12月から東洋経済オンラインで始まった連載が、今回書籍になるまで好評を博したのは、これまで登場いただいた証言者たちの発言や生き様というものが、読者たちに深く突き刺さったからです。

それだけではなく、取材テーマである「奨学金を正しく活用したことで、人生を好転させた人たちの事例を取り上げたい」というスタンスに賛同いただき、対談に協力いただいた水戸康徳さんと、株式会社ガクシー代表取締役の松原良輔さん、さらに現役大学生座談会の参加者を集めてくださった同社の大工原靖宜さん、藤井涼介さん、座談会に参加してもらった現役学生のみなさんに厚く御礼を申し上げたいと思います。

さらに、奨学金に関して何ひとつ知識を持ち合わせないライターの私に「奨学金についての連載をやらないか？」と持ちかけてくれた、東洋経済オンラインの岡本拓さん、素敵な連載タイトルを提案してくださった同サイト編集長の吉川明日香さん、社内外でさまざまな根回しをしてくださった編集部長の武政秀明さん、そして今回書籍化の提案を快諾してくれた扶桑社の高谷洋平さんにもお世話になりました。

最後に連載は「東洋経済オンライン」で今後も続いていく予定ですので、そちらの配信も楽しみにしてほしいです。まだまだ、紹介しきれていない事例はたくさんありますので……。

千駄木雄大

[付録]本書の基本用語

・日本学生支援機構(JASSO)

正式名称は「独立行政法人日本学生支援機構（以下、JASSO)」。管轄は文部科学省。学生に対する奨学金事業や、留学支援・外国人留学生の就学支援を行なっている。

・第一種奨学金(無利子)

JASSOが提供する無利子（利息のつかない）の貸与型（借りる）奨学金。つまり、「借りた金額の返済義務がある」奨学金である。後述する第二種奨金と比較して、申請までのハードルが高く、「高校時代の成績」と「親の収入」で審査されるという。

・第二種奨学金(有利子)

JASSOが提供する有利子（利息のかかる）の貸与型奨学金。つまり、「借りた金額だけでなく、返済年数に応じた利息も上乗せして返済する必要がある」奨学金。前述の第一種奨学金と比較して、審査自体は通過しやすいとされるが、両親の収入が高い場合は不採用になるケースもある。なお、2022年現在、金利は0.1～0.2%という水準だが、今後上がる可能性もある。

・給付型奨学金

返済不要な奨学金。つまり、「借りるのではなく、もらう」奨学金。JASSOに限らず、地域の自治体や企業、財団などが提供しており、その数は2022年９月現在で、推定約１万件にのぼる。返済不要だが、採用枠が限られるため、通過のハードルは高く、審査の条件を調べる労力もかかる。

・看護奨学金

病院や自治体が提供している、看護師向けの奨学金。将来、医療系の仕事に従事する学生向けに各種あり、「修学資金」と総称される。「学生時代に月額○万円貸与してもらう。卒業後、指定の病院で○年働けば、返済が免除される」というスキームのものが多い。

**そもそも、「奨学」とは謳いながら、
進学のために「借りた金額を将来、
返済する必要がある」のが
日本の奨学金制度だ。**

千駄木雄大（せんだぎ ゆうだい）
編集者／ライター。1993年、福岡県生まれ。出版社に勤務する傍ら、雑誌「ギター・マガジン」（リットーミュージック）などで執筆活動中。『東洋経済オンライン』にて、「奨学金借りたら人生こうなった」、『ARBAN』にて、「ジャムセッションの掟」を連載中。

編集協力　岡本拓（東洋経済オンライン編集部）
デザイン　堀図案室
D T P　オフィスメイプル
校　　閲　小出美由規

扶桑社新書 449

奨学金、
借りたら人生こうなった

発行日 2022年11月1日　初版第1刷発行

著　　者……千駄木雄大
発 行 者……小池英彦
発 行 所……株式会社 扶桑社
〒105-8070
東京都港区芝浦1-1-1 浜松町ビルディング
電話 03-6368-8870（編集）
03-6368-8891（郵便室）
www.fusosha.co.jp

印刷・製本……中央精版印刷株式会社

Printed in Japan　ISBN 978-4-594-09320-4